幼儿安全教育丛书 · 丛书主编：高丙成

幼儿园安全教育活动手册

小班

高丙成　周丛笑 / 主编

YOU'ERYUAN
ANQUAN JIAOYU
HUODONG SHOUCE
XIAOBAN

北京师范大学出版集团
BEIJING NORMAL UNIVERSITY PUBLISHING GROUP
北京师范大学出版社

图书在版编目（CIP）数据

幼儿园安全教育活动手册. 小班／高丙成, 周丛笑主编. —北京：北京师范大学出版社, 2022.6（2023.5 重印）

ISBN 978-7-303-27663-9

Ⅰ. ①幼… Ⅱ. ①高… ②周… Ⅲ. ①安全教育-学前教育-教学参考资料 Ⅳ. ①G613.3

中国版本图书馆 CIP 数据核字（2021）第 279973 号

图书意见反馈 gaozhifk@bnupg.com 010-58805079
营销中心电话 010-58802135 010-58802786

出版发行：北京师范大学出版社 www.bnup.com
北京市西城区新街口外大街 12-3 号
邮政编码：100088

印 刷：三河市兴达印务有限公司
经 销：全国新华书店
开 本：787 mm × 1092 mm 1/16
印 张：13.75
字 数：198 千字
版 次：2022 年 6 月第 1 版
印 次：2023 年 5 月第 2 次印刷
定 价：52.00 元

策划编辑：苏丽娅 责任编辑：宋 星 申立莹
美术编辑：李向昕 装帧设计：李向昕
责任校对：康 悦 责任印制：马 洁

丛书编委会

本书编委会

主　编　高丙成　周丛笑

副主编　程秀兰　张海凤　刘　琨

编　委（按姓氏拼音排序）

陈　琴　冯江英　康永祥　李艳莹

刘　敏　卢筱红　秦旭芳　孙蔷蔷

吴文艳　伍香平

推荐序 FOREWORD

儿童的健康成长关系到人类的未来、国家的希望和家庭的幸福。世界卫生组织和联合国儿童基金会的报告显示，全球每天有2000多个家庭因非故意伤害或“意外事故”失去孩子，从而使得这些家庭变得支离破碎；当孩子成长至5岁时，非故意伤害成为他们健康和生命的最大威胁，也是致残的一个主要原因，并会对儿童生活的各个方面造成持久的影响。① 在我国，据不完全统计，每年至少有一千万的儿童受到各种形式的意外伤害，约占儿童总数的10%。其中，约有10万儿童因此死亡，有近50万儿童因此残疾。② 给予儿童良好的照顾，使其免受伤害，降低危害儿童身心安全的风险，是数十年来国际组织、各国政府和相关人士一直努力实现的目标，至今仍然任重道远。

“儿童因身心尚未成熟，在其出生以前和以后均需要特殊的保护和照料”，这既在1959年联合国大会通过的《儿童权利宣言》中得以申明，也在1989年通过的《儿童权利公约》中被重申铭记。作为缔约国，中国为了更好地践行公约，于1991年发布了《中华人民共和国未成年人保护法》（以下简称《未成年人保护法》），对0~18岁儿童的家庭保护、学校保护、社会保护、司法保护等均单章单列，明确提出了保护儿童身心健康、加强对儿童的安全教育、保护儿童的人身安全和人格权益等具体要求。因此，幼儿的安全保护既是世界《儿童权利公约》的重要内容，也是我国《未成年人保护法》的基本要求。应该说，

① 世界卫生组织、联合国儿童基金会：《世界预防儿童伤害报告》，前言，2012。

② 中华人民共和国教育部、联合国儿童基金会：《让孩子远离伤害——幼儿安全教育与安全管理手册》，2页，2021。

对学前儿童的安全保护，既是家庭和社会共同的责任，也是幼儿园工作的首要任务。

近年来，保证儿童的安全已经成为事关亿万家庭幸福、社会和谐稳定的重要因素。由于多种复杂的因素，幼儿的安全事故时有发生，幼儿园的安全事件较多。党和国家高度重视幼儿安全问题，出台了系列政策文件引领校园安全方向，明确校园防控体系和应急路径。例如，《中共中央 国务院关于学前教育深化改革规范发展的若干意见》强调："强化安全监管……建立全覆盖的幼儿园安全风险防控体系。"各级地方政府和相关部门高度重视幼儿园安全工作，采取了一系列措施保障幼儿园及周边安全；幼儿园也积极构建安全防护体系。各级部门具体落实，确保幼儿园安全形势总体稳定，并积累了很多经验；理论研究和实践研究也积极关注安全问题，未雨绸缪，取得了诸多进展。

我的同事，青年学者高丙成老师协同学前教育领域和安全教育领域的专家学者、教研人员、园长和教师，用自己的专业研究、实践经验、前瞻性思考和责任担当，组织编写了这套"幼儿安全教育丛书"，力图反映研究的最新进展，汇集各地的有效经验，系统构建以幼儿园为基本单位、以幼儿保护为工作重点的安全防护体系。这套丛书具有基于综合研究、针对问题需求、汇集实践经验、重点保护儿童等主要特点，对开展相关研究、了解主要困境、解决常见问题、提高幼儿园安全防护水平和幼儿的安全自护能力，都具有重要启发意义和借鉴价值。

第一，基于综合研究。在这套丛书中，《中国幼儿园安全发展报告》是一项具有研究特点的成果，对幼儿园安全政策进行了系统分析；对主要国家幼儿园安全教育的经验进行了比较研究；基于对我国 31 个省份 9060 所幼儿园的 72812 名教师的调查，全面细致地分析了幼儿园安全教育的现状与问题；并在此基础上对我国幼儿园安全体系建设提出了建议。这些基于研究的分析和阐释，对于开展幼儿园安全教育的相关研究，了解现实状况，进行政策和路径分析与前瞻性思考，都有启发意义和借鉴价值。

第二，针对问题需求。基于大数据的分析研究，编写组了解并梳理了幼儿园容易发生的安全事故和教师认为幼儿园需要开展的安全教育活动。丛书包括校园、社会、居家等各个场所的安全教育，涵盖身体安全和心理安全两个层面，包含意外伤害，交通安全，卫生饮食安全，自然灾害防范安全，电器、电子产品安全，运动与游戏安全等诸多方面。也正是针对这些幼儿园常见的问题和幼儿教师的工作需求，编写组对丛书内容进行了设计和梳理，以期保护幼儿的基本安全，满足教师的日常工作需要。

第三，汇集实践经验。多年来，广大幼儿教育工作者本着关爱幼儿、热爱事业的专业理念和工作态度，在幼儿园和班级层面，遵循相关政策法规的要求和职业操守，尽心尽责、大胆实践、勇于探索，积累了丰富、有效、可推广的实践经验。丛书的主编正是基于广泛总结、提炼各地经验的视角，组织了来自全国多个省份的编写者，力图使丛书更广泛地汇集实践经验，也使其具有更广泛的适用性。

第四，重点保护儿童。丛书名为“幼儿安全教育丛书”，顾名思义是立足于幼儿园安全教育，同时凸显了重点保护儿童的核心理念和基本思想。各册的内容不仅涵盖了幼儿园安全管理、安全防护的方方面面，通过理念分析、案例剖析、百问百答等多种方式，兼顾幼儿园教职工各项工作中的安全问题，而且以幼儿安全为核心，兼顾家庭安全防护的常见问题；不仅建构了安全防护的体系和屏障，而且设计了旨在增强幼儿的主体意识、提高幼儿自我防护能力的安全教育活动。我们相信通过幼儿园和家庭的协作，幼儿的自我保护意识和能力会有所增强，幼儿园与教师、家长共同努力构筑的安全防护体系定能发挥联合效应，更好地呵护幼儿的健康成长。

当然，我们还必须时刻清醒地认识到，由于幼儿园安全问题具有复杂性和动态性，幼儿稚嫩脆弱，缺乏自我保护能力，每一位和幼儿接触的工作者特别是与幼儿近距离接触的保教人员，必须牢固树立安全第一的意识，具备保护幼儿的基本知识和基本能力，具有关注情况变化、处理紧急事件的敏锐性和应对措施，承担起“在任何危险情况下优先保护幼儿”的使命和责任。安全无小事，疏忽酿大错！宁可多做一点，也不能粗心大意错过半点。让我们点亮幼儿安全教育的明灯，陪伴幼儿走过童年的幸福人生。

刘占兰

2022年3月

丛 书 序 PROLOGUE

为幼儿安全保驾护航

儿童的安全、健康成长，事关亿万家庭的幸福、社会的和谐稳定。幼儿园应当是最阳光、最安全的地方之一。党中央、国务院以及各部门高度重视幼儿园安全工作，出台了系列政策文件，对校园安全工作提出明确要求，并采取系列措施保护幼儿园安全。近年来，我国幼儿园整体环境持续好转，各种安全隐患逐年降低，安全风险防控体系逐步健全，幼儿园安全形势总体稳定。但是，由于受各种因素影响，幼儿园安全工作还存在制度不完善、不配套，预防风险、处理事故的机制不健全，意识和能力不强等问题。

为了更好地贯彻落实国家相关文件精神，切实加强幼儿园安全工作，总结幼儿园安全工作的经验，凝练幼儿园安全工作研究新进展，汇集各地幼儿园安全工作的成功案例，探讨幼儿园安全工作的路径方式，完善幼儿园安全风险化解机制，提高幼儿园安全管理工作水平，构建科学系统、全面规范、职责明确的幼儿园安全风险防控体系，切实维护师生人身安全，保障幼儿园平安有序，我们和北京师范大学出版社策划了这套“幼儿安全教育丛书”。

一、丛书背景及价值

在“幼儿安全教育丛书”出版过程中，我们始终坚持“服务决策”“指导实践”“创新理论”三位一体的整体推进思路，希望有助于改进幼儿园安全工作、服务幼儿园安全政策、深化幼儿园安全研究，为幼儿安全保驾护航。

（一）改进幼儿园安全工作

加强和改进幼儿园安全工作是全面贯彻党的教育方针，保障幼儿健康成长、全面发展的前提和基础。近年来，各级党委和政府把维护幼儿园安全作为一项重要任务，相关部门不断强化落实幼儿园安全保卫和监管责任，提升人防、物防、技防能力，建立全覆盖的幼儿园安全风险防控体系。幼儿园把保护幼儿生命安全和健康放在首位，落实园长安全主体责任，健全各项安全管理制度和安全责任制，强化法治教育和安全教育，提高家长安全防范意识和能力，完善安全措施和应急反应机制，使幼儿园安全体制机制不断完善。但是，由于受各种因素影响，幼儿园安全问题仍然时有发生。中国教育科学研究院 2019 年对全国 31 个省份的 9060 所幼儿园的 72812 名幼儿园园长和教师的调查发现，幼儿园容易发生的安全事故包括摔伤（76.5%）、同伴玩耍（76.5%）、传染病（72.5%）、运动安全（69.9%）、烫伤（68.3%）、食物中毒（66.3%）、踩踏（56.7%）、校园伤害（53.2%）、消防安全（51.3%）等。本套丛书的编写有助于引导幼儿园进一步提高对安全工作重要性的认识，牢固树立安全发展理念和生命至上、安全第一的思想，强化安全工作红线意识；有助于幼儿园不断完善安全风险管控机制，严格落实各项管理制度和措施，将安全管理融入日常工作的全过程；有助于指导幼儿园建立健全安全事件应急管理机制，制定安全风险清单，完善、细化各项应急处置预案，落实人员职责，做好安全防范和隐患化解工作，进一步加强和改进幼儿园安全工作。

（二）服务幼儿园安全政策

习近平强调："人民安全是国家安全的宗旨。"① 党中央、国务院出台系列重要政策文件引领幼儿园安全工作方向。《国务院关于当前发展学前教育的若干意见》强调"强化幼儿园安全监管……建立全覆盖的幼儿园安全防护体系"。《国务院办公厅关于加强中小学幼儿园安全风险防控体系建设的意见》强调"加快形成……科学系统、全面规范、职责明确的学校安全风险预防、管控与处置体系"。《中共中央 国务院关于学前教育深化改革规范发展的若干意见》强调"幼儿园必须把保护幼儿生命安全和健康放在首位"，"建立全覆盖的幼儿园安全风险防控体系"。《"十四五"学前教育发展提升行动计划》提出"严格落实幼

① 中共中央宣传部：《习近平新时代中国特色社会主义思想学习纲要》，179 页，北京，学习出版社、人民出版社，2019.

儿园安全主体责任和有关部门安全监管责任，建立全覆盖的安全风险防控体系”。这些政策措施的出台进一步明确了幼儿园安全工作的目标，提出了幼儿园安全工作的基本要求，规定了幼儿园安全工作的重点任务，完善了幼儿园安全工作的体制机制。按照党中央、国务院的决策部署，各地围绕幼儿园安全防范、安全管理、安全教育、安全处置、安全督导等方面进行了全方位的探索与实践，涌现出了许多幼儿园安全工作的先进做法、成功经验、典型案例。本套丛书的编写非常注重总结、提炼各地幼儿园安全工作的先进经验，分析、梳理各地幼儿园安全工作的成功做法，汇集挖掘各地幼儿园安全工作的典型案例，以期为幼儿园安全工作提供可资借鉴参考的优秀成果，为制定幼儿园安全相关政策和措施提供客观依据和研究支持。

（三）深化幼儿园安全研究

幼儿园安全问题引起了社会各界人士和家长的高度重视与广泛关注。研究者重点对幼儿园安全制度建设、安全预警防范、安全教育演练、安全管理、安全事故处理、安全督导检查、安全保障等进行了多方面的研究和探索，相关理论日渐丰富，学术水平也不断提高。这些研究进一步丰富了幼儿园安全的相关研究成果，加深了人们对幼儿园安全的认识和了解。2018 年，中国教育科学研究院立项了中央级公益性科研院所基本科研业务费专项资助“幼儿园安全状况及风险防控机制研究（GYC2018001）”课题。在研究过程中，课题组对全国幼儿园安全状况及幼儿园安全教育、幼儿园安全管理等问题进行了较为系统的研究，对我国幼儿园安全工作有了更全面、深入的了解。随着研究的不断推进，我们发现，无论是对幼儿园安全标准、教师安全素养、安全保障机制等政策性问题的研究，还是对幼儿园安全教育、安全管理、安全事故处理等实践性问题，以及幼儿园安全课程建设、安全工作现状等学术性问题的研究都不够丰富，相关研究还难以有效满足服务决策、指导实践的要求。在本套丛书的编写过程中，我们重点对幼儿园安全政策、安全状况、安全管理、安全防护、安全教育等方面进行了全面系统的研究探讨，以期更好地拓宽幼儿园安全的研究领域，形成具有中国特色、中国风格、中国气派的幼儿园安全理论研究成果；更好地发挥幼儿园安全研究的实践引领作用，引导各地区有针对性地改进幼儿园安全工作；更好地提升幼儿园安全研究的服务决策科学化水平，为建立健全幼儿园安全的相关政策提供学术支持和研究依据。

二、丛书主要特点

丛书编写过程中力求凸显以下主要特点。

（一）科学性

本套丛书组织我国13个省份的教育科研院所、高校、幼儿园的学前教育教科研人员、高校教师、园长等成立编写组，广泛汇集多方力量，力争做到“梳理政策法规，把握研究进展，聚焦实践问题”。在编写过程中，编写组不仅注重对国内外幼儿园安全相关政策进行系统的梳理分析，积极回应国家对幼儿园安全问题的科学部署和基本要求；而且注重广泛借鉴国内外幼儿园安全相关研究成果，积极吸收国内外优秀研究成果和先进经验；还注重深入分析基于全国31个省份幼儿园园长、教师、家长的实践经验、问题、困惑与诉求，深刻把握新时代幼儿安全实践面临的新问题，并根据新要求新变化提出新方法新策略，以期达到政策分析、理论研究与实践探讨相统一的目的。

（二）全面性

本套丛书以保护儿童安全和健康为出发点和落脚点，从幼儿的生活实际出发，以幼儿的生活经验为背景，以家庭、幼儿园、社会生活中常见的与安全有关的政策、研究及实践问题为主要内容，科学设计供园长、教师、家长等不同群体使用的幼儿安全教育手册。从书内容不仅包括幼儿园安全政策与法律法规解读、中国幼儿园安全发展报告，还有对幼儿园安全管理与防护、安全教育等实践经验的梳理；不仅从幼儿园园长、教师、家长等视角设计、构建了幼儿园安全管理与防护内容体系，而且从幼儿园教育、家庭教育的视角设计了与安全教育工作相关的内容体系，力求多角度全方位构建幼儿园安全工作体系。

（三）实用性

本套丛书围绕幼儿园安全教育和安全防护中存在的突出问题、工作需求、重点任务展开，深入挖掘全国各地区幼儿园安全教育工作中的先进经验、成功做法、典型案例、实用策略等，旨在发现问题、找准需求、分解任务、提供对策，着力解决幼儿园安全工作中的困惑和问题，提供针对性的对策和建议，为幼儿园安全工作提供借鉴和参考，提高园长、教师、家长的安全意识和能力，提高幼儿感知、体悟、躲避危险的能力。

（四）可读性

本套丛书在写作上力求政策解读灵活多样、生动活泼，理论阐述层次分明、通俗易懂，案例分析生动翔实、简洁清晰，注重理论通俗化、经验具体化、案例故事化、策略操作化，以清晰的逻辑、简明的方式直观形象地呈现内容，力争做到行文流畅、思路清晰、图文并茂、可读性强。

感谢刘占兰研究员的悉心指导和专业引领，感谢各分册主编和合作者的认真准备与辛勤付出，感谢姚贵平、罗佩珍、刘晟蓝等的精心策划和细心编辑，感谢中国教育科学研究院领导、同事对幼儿园安全工作的无私帮助和热情支持。正是由于多方的支持和共同努力，本套丛书才能够顺利出版。由于研究时间、精力和水平所限，疏漏在所难免，敬请各位批评指正。

高丙成

2022 年 3 月

前　言　PERFACE

强化安全教育，提高幼儿自我保护能力

促进幼儿健康快乐成长是幼儿园工作的出发点和落脚点，幼儿园必须把保障幼儿生命安全和健康放在首位。幼儿园安全教育是促进幼儿健康快乐成长的重要途径和方法。《中共中央 国务院关于学前教育深化改革规范发展的若干意见》强调："幼儿园必须把保护幼儿生命安全和健康放在首位……强化法治教育和安全教育，提高家长安全防范意识和能力，并通过符合幼儿身心特点的方式提高幼儿感知、体悟、躲避危险和伤害的能力。"《幼儿园工作规程》强调："幼儿园应当把安全教育融入一日生活，并定期组织开展多种形式的安全教育和事故预防演练。"《幼儿园教育指导纲要（试行）》强调："密切结合幼儿的生活进行安全、营养和保健教育，提高幼儿的自我保护意识和能力。"《3—6岁儿童学习与指南》提出"具备基本的安全知识和自我保护能力"的儿童学习与发展目标，并强调要"结合活动内容对幼儿进行安全教育，注重在活动中培养幼儿的自我保护能力"。这些政策为幼儿园开展安全教育指明了方向，提供了根本准则。

本套"幼儿园安全教育活动手册"（以下简称"活动手册"）依据我国学前教育相关政策要求，立足我国学前教育改革发展实践，借鉴国内外相关学术研究成果，由中国教育科学研究院幼儿园安全教育课题组进行前期框架设计，并联合全国12个省份中具有深厚理论素养和丰富实践经验的优秀高校教师、教研员、园长和教师等进行协同合作，联合攻关。

"活动手册"从幼儿的生活实际出发，以幼儿的生活经验为背景，选取幼儿在家庭、幼儿园、社会生活中一些常见、突出的安全问题为教育主题内容，以小、中、大班幼儿年龄发展为主线，设计生动活泼、趣味性强、游戏化的幼儿园安全教育活动方案。活动方案以保障幼儿获得基本学习和良好发展为前提，不仅对安全教育教学活动进行全面系统设计，而且对班级墙饰创设、区域活动环境设计、班级文化建设等提出要求，同时对安全在一日生活中的教育渗透等进行总体规划，着力构建“全方位、立体化”的幼儿园安全教育体系，为幼儿园教师实施全面、生动的幼儿园安全教育教学提供依据和参考，使幼儿能够学习和掌握必要的安全自护常识，提高自护意识和能力。

一、“活动手册”的编写原则

“活动手册”安全单元主要依据以下原则进行确定。一是目标性。安全教育旨在帮助幼儿树立安全自护意识，学习基本的安全自护常识，掌握必要的安全自护技能，具备一定的自救自护的素养和能力，最大限度地预防安全事故的发生和减少安全事件对幼儿造成的伤害，保障幼儿健康快乐成长。二是生活化。安全教育要从幼儿的生活实际出发，以幼儿的生活经验为背景，选取幼儿在家庭、幼儿园和社会生活中可能出现的安全隐患作为活动内容。三是适宜性。安全教育应符合幼儿身心发展的一般规律和特点，既要符合幼儿当前发展的需要，又要符合幼儿未来发展的需要，同时要兼顾不同地区、不同园所类型、不同经济发展水平等方面的差异。根据以上原则，编写组按照每月一个安全教育单元进行设计，结合国内外安全教育相关节日活动的时间与我国幼儿园教育实际，从每年九月到次年八月依次选择了意外伤害，心理健康，消防安全，交通安全，社会安全，居家安全，园所安全，卫生饮食安全，自然灾害防范安全，身体安全，电器、电子产品安全，运动与游戏安全 12 个安全单元，希望通过全面、系统地实施单元活动确保幼儿平安。

安全单元中安全主题的选择主要体现以下原则。一是一致性与递进性相统一。各个安全主题的内容要围绕安全单元，充分体现与主题的一致性和关联性；在同一主题下，不同年龄段的内容有明显的年龄发展特点，体现出随着年龄的增长，内容的广度和深度不断递进。二是整合性与代表性相统一。主题单元活动的内容要与健康、语言、社会、科学、艺术各领域的教育内容相互渗透，促进幼儿知识、智力、情绪情感、行为技能等方面的发展，同时要能够反映安全教育主题的核心目标，使幼儿能够学习和掌握必要的安全自护常识，提高自护意识和能力。三是趣味性和灵活性相统一。教育活动的选择要充分考虑幼儿的兴趣，并来源于幼儿熟悉、贴近生活经验的内容，同时要灵活选择能够通过集体教学活动、游戏活动、生活活动、亲子活动、户外活动等多种方式，支持幼儿通过直接感知、实际操作、亲身体验等方式进行学习的内容。根据以上原则，编写组按照每周一个安全教育活动主题进行设计，每个月包括 4 个或 5 个安全教育主题，每个年龄段设计了 52 个安全教育主题，希望通过连贯、整合地实施主题活动确保幼儿周周安全。

二、"活动手册"的编写结构

"活动手册"分小、中、大班三个年龄段，每个年龄段包括意外伤害，心理健康，消防安全，交通安全，社会安全，居家安全，园所安全，卫生饮食安全，自然灾害防范安全，身体安全，电器、电子产品安全，运动与游戏安全 12 个安全单元。每个主题单元包括主题单元的背景资料、活动目标、环境创设、教育活动方案、幼儿表现评估等方面。

每个安全单元包括 4 个或 5 个安全主题，共 52 个安全主题。不同年龄段在同一主题下，安全教育活动的广度和深度不断递进，三个年龄段共 156 个安全教育活动（见附表 1）。每个教育活动方案包括活动背景、活动目标、活动准备、活动过程、活动评价、活动延伸等方面的内容。

三、"活动手册"的主要特点

"活动手册"编写过程中力求凸显以下主要特点。

一是科学性。"活动手册"编写过程中十分注重政策分析、理论研究与实践探讨相统一。首先，编写组全面分析了《3—6 岁儿童学习与发展指南》《幼儿园教育指导纲要（试行）》《幼儿园工作规程》《国务院办公厅关于加强中小学幼儿园安全风险防控体系建设的意见》《国务院办公厅关于转发教育部中小学公共安全教育指导纲要的通知》等政策法规对安全教育的要求，以更好地把握幼儿园安全教育工作的国家立场和方向；其次，编写组系统查阅和分析了国内外有关幼儿园安全教育的专著、期刊论文、学位论文等，借鉴和参考了相关的课程资源、教学案例、绘本等，以系统把握国内外幼儿园安全教育研究现状和未来发展趋势等；最后，对全国 31 个省份的 9060 所幼儿园的 72812 名幼儿园园长和教师进行问卷调查，深入访谈了100多名幼儿园园长和教师，力争能够更全面深入地了解我国幼儿园安全教育实践中取得的经验成效以及存在的突出问题。

二是系统性。“活动手册”的编写十分注重全面性、专业性和发展性相结合。目前，国内有关幼儿园安全教育活动的图书往往以幼儿园安全教育活动的经验总结或案例分享居多，安全教育主题和内容还不够全面系统，不同年龄段的安全教育活动缺乏连贯性，安全教育活动的代表性也有待提高。“活动手册”编写组联合全国12个省份的高校教师、教研员、园长和教师等组成编写团队，共同学习、领会相关政策要求，借鉴国内外相关研究成果，基于大样本调研数据统计分析以及大范围深度访谈，遵循小、中、大班幼儿年龄发展特点，以促进儿童学习较为全面、系统的安全自救知识，提高自护素养。

三是实用性。“活动手册”的编写着力在操作性、延展性、可读性等方面下功夫。“活动手册”中的安全教育活动从幼儿的生活实际出发，从幼儿在幼儿园、家庭和社会生活中一些常见的、突出的安全问题入手，设计了生动活泼、趣味性强、游戏化的幼儿园安全教育活动方案，支持教师在认一认、想一想、议一议、试一试等各个环节中灵活采用集体教育、小组分享、角色扮演、亲子活动、实地参观、安全演练等多种方式吸引幼儿参与到活动的全过程中，充分调动和发挥幼儿的学习兴趣和能动性，引导幼儿在感知体验、操作实践、探索反思的过程中习得和构建其安全自护知识体系，促进其安全自护意识、自护能力的发展和提升。

“活动手册”每个安全单元不仅设置了背景资料供教师了解安全教育主题单元的意义、价值、内容、方法等，而且从墙饰创设、区域活动、班级文化等方面创设了安全教育主题单元环境供教师进行安全教育环境的布置。每个安全教育活动都提出了本活动在集体、游戏、生活、户外、亲子等方面的延伸活动以及安全常识、安全案例、安全法规等方面的参考资源供教师丰富和拓展与安全教育主题单元相关的知识和资源。一方面有利于教师根据幼儿的特点和兴趣需要灵活选择相关内容素材，另一方面也可以作为儿童学习活动的拓展和延伸。

“活动手册”在编写过程中力争做到语言通俗易懂，行文流畅，简洁清晰，图文并茂，易于阅读。“活动手册”在编写过程中，由各册主编、副主编共同确定安全单元、安全主题和安全教育活动及写作框架与要求等，由幼儿园园长或教师初步撰写安全教育活动方案，编委审阅修改，副主编进行通稿，主编最终审核把关。

“活动手册”是集体智慧的结晶，编写人员来自全国12个省份的高校、科研院所和幼儿园等，由高丙成进行统筹设计，高丙成、孙蕾蕾、陈琴担任分册第一主编，康永祥、吴文艳、李军、冯江英、张海凤、卢筱红、刘敏、秦旭芳、周丛笑、刘琨、程秀兰、伍香平依次担任了意外伤害，心理健康，消防安全，交通安全，社会安全，居家安全，园所安全，卫生饮食安全，自然灾害防范安全，身体安全，电器、电子产品安全，运动与游戏安全12个单元的负责人。感谢团队成员的精诚合作和无私付出，感谢各单位相关专家、领导对“活动手册”的支持和帮助，感谢北京师范大学出版社的策划和出版。正是由于大家的共同努力和多方支持，“活动手册”才能够顺利出版。由于研究时间、精力和水平所限，疏漏在所难免，敬请各位同行批评指正。

高丙成

2022年3月

附表1：幼儿园安全教育活动框架体系

安全单元	安全活动主题	分年龄具体活动		
		小班	中班	大班
意外伤害	1. 认识紧急求救电话	电话号码作用大	我身边的大英雄	我不怕了
	2. 防磕碰	藏起来的角角兽	瓷器店里的大象	热心肠的熊先生
	3. 防烫烧伤	身边的“小生气”	热水瓶的故事	爸妈不在家
	4. 防摔伤	是谁打碎了鸡蛋宝宝	冬天的故事	爱逞能的牛牛
	5. 防溺水	我爱玩水	溺水的橘子狐狸	不会游泳的长颈鹿先生
心理健康	1. 认识自己	我长大了	优点大寻找	扬长补短
	2. 认识管理情绪	笑娃娃、哭娃娃和气娃娃	情绪小主人	我生气了
	3. 面对挫折	我不害怕	我是小小勇士	挫折我不怕
	4. 学会同伴交往	我们一起玩	最好的礼物	合作力量大
	5. 增强亲子交往	妈妈包里的秘密	我爱我家	爸爸爱我
消防安全	1. 认识消防标志	防火知识我知道	防火小卫士	火灾预防指南
	2. 火灾预防	消防标志我认识	生活中的消防标志	消防安全禁止标志我设计
	3. 火灾逃生	遇到火灾我不怕	着火了如何逃生	逃生路线我设计
	4. 消防演习	消防演习我体验	着火了怎么办	消防车进校园
交通安全	1. 认识交通标志	红绿灯眨眼睛	我是小交警	交通标志我知道
	2. 文明小行人	去幼儿园路上	我会过马路	马路上的危险
	3. 乘坐交通工具	我也要搭车	乘车安全我知道	我们一起去郊游
	4. 咬人的电梯	和爸爸妈妈乘电梯	电梯会“咬人”	电梯安全宣传员
社会安全	1. 不跟陌生人走	长耳朵被谁带走了	白雪公主历险记	我不认识你
	2. 危险场所不去要	拥挤的荷叶	危险的踩踏事件	人多的地方我不去
	3. 迷路怎么办	谁的玩具宝宝不见了	迷路有办法	我不会走丢
	4. 反恐防暴小常识	会躲避的小羊	躲避小能手	恶狼来了怎么办

续表

安全单元	安全活动主题	分年龄具体活动		
		小班	中班	大班
居家安全	1. 洗手间的安全	我要拉尼尼	洗手间里的小秘密	不在洗手间玩耍
	2. 厨房里的安全	妈妈做饭我不闹	厨房用具我不玩	煤气泄漏别害怕
	3. 工具安全	尖尖的东西要小心	大大小小的工具	我会安全使用工具
	4. 逗弄宠物很危险	和狗狗玩耍的安全	我会和宠物交朋友	逗弄动物很危险
园所安全	1. 生活常规安全	幼儿园里的一天	安全生活	幼儿园生活安全宣传员
	2. 入园离园安全	幼儿园里真好玩	离园不乱跑	小学不一样
	3. 大型活动安全	危险的缝隙	大型活动听指挥	我们的毕业典礼
	4. 教育教学活动安全	小板凳会“咬手”	楼梯安全故事	我和我的好朋友
卫生饮食安全	1. 认识健康食品	小肚皮喜欢的食物	垃圾食品我不吃	包装袋上的秘密
	2. 食物的秘密	会说话的食物	舌尖上的魔法	小小食品质检员
	3. 科学进餐	我会自己吃饭	肚子里有个火车站	食物最佳搭档
	4. 传染病预防	它们能吃吗	让疾病逃跑吧	科学安全进餐
自然灾害防范安全	1. 防台风暴雨	台风暴雨后的小动物	台风来了，暴雨来了	台风暴雨小常识
	2. 防冰雪	雪娃娃与冰娃娃	冰雪好玩要当心	冰雪小达人
	3. 防雷电冰雹	雷电与冰雹	避雷电，躲冰雹	雷电冰雹安全擂台赛
	4. 防洪水泥石流	洪水与泥石流的危害	洪水来了怎么办	泥石流中的自救
	5. 地震来了怎么办	地震逃生演练	地震了怎么办	防震减灾我知道

续表

安全单元	安全活动主题	分年龄具体活动		
		小班	中班	大班
身体安全	1. 保护眼睛	我的亮眼睛	保护我们的大眼睛	预防近视有办法
	2. 保护耳朵、鼻子	鼻子弟弟和耳朵哥哥	鼻子流血我不怕	保护耳朵
	3. 保护牙齿	保护牙齿宝宝	远离龋齿	换牙我不怕
	4. 爱护小手	我有一双小小手	小手洗洗真干净	爱护我的小手
	5. 隐私保护	我的身体别乱碰	我能大胆说“不”	别碰我
电器、电子产品安全	1. 安全使用电器	电器安全我知道	电器功能我了解	家用电器是我的小帮手
	2. 合理使用手机	不迷恋手机	手机朋友要当心	手机隐私与信息安全
	3. 看电视有节制	看电视有节制	遵守约定看电视	合理规划看电视时间
	4. 玩游戏不上瘾	电子游戏危害多	游戏好玩不贪恋	玩游戏不上瘾
运动与游戏安全	1. 运动安全我知道	运动安全我知道	安全进出门	玩水的安全
	2. 运动中的自我保护	个人运动中的自我保护	户外活动安全我知道	运动冒险中的自我保护
	3. 大型器械的安全	大带小游戏“安全玩滑梯”	不听话的秋千	组合器械我会玩
	4. 中小型玩具的安全	自选器械的安全	玩球要注意什么呢	运动安全规则我制订

目　　录 CONTENTS

小班意外伤害

一、 主题单元背景资料

幼儿在社会化过程中需获得一项非常重要的生存和发展技能，即能够自觉规避意外伤害，懂得正确向他人求助，降低意外伤害对自身和他人的伤害。对于小班幼儿而言，他们受身心各方面发展的限制，对于意外伤害的认知能力和抵御能力较弱。面对复杂的情境，小班幼儿还很难做出主动、深入的思考，难以形成自觉的意外伤害防范能力。对此，针对小班幼儿防范意外伤害的教育活动，需要基于幼儿这一时期的思维发展特征，强调幼儿以直观感知、动作模仿等多种方式，获得有关防范意外伤害的感性经验。对于意外伤害的产生过程和原因形成初步的认识，并知道一些简单的应对策略。例如，利用情境游戏的方式让幼儿记住 110、120、119 等特殊电话号码；开展安全演习活动等，让幼儿在危险真正来临时能避免伤害。

二、 主题单元目标

第一，在成人的提醒下不做危险的事。

第二，了解简单的求助方式，会拨打 110、120、119 紧急求助电话。

第三，求救时，能向救援人员说出自己和家长的名字、家庭住址、联系方式等简单信息。

第四，了解生活中常见的意外伤害，增强自我保护的意识和能力。

三、 主题单元环境创设

(一)墙饰创设

根据“小班意外伤害”主题的目标与内容，结合小班幼儿身心发展特点和需要，相关墙饰创设分为以下几部分。

1. 数字密码

利用白板或软木板布置“数字密码”区，粘贴常见的紧急救助机构标识和表示父母的卡通形象，提供磁性数字贴或可粘贴的卡通数字，在相应的标识和卡通形象下，先贴好示范性的数字号码，结合日常相关课程和活动环节，鼓励幼儿去尝试粘贴剩余的号码，让不同的幼儿粘贴父母的联系电话，加深幼儿对紧急求助电话的认识。

2. 身边的“小生气”和藏起来的角角兽

基于小班幼儿已有的生活经验，主题墙饰布置生活中常见的危险事物，如有角的家具、冒着热气的水壶等，放置可粘贴的角角兽、生气宝宝等卡通形象贴纸，引导幼儿从中找出相应的危险，并用贴纸进行标记。考虑到小班幼儿观察能力有限，可将容易给幼儿造成伤害的物体特征放大，并在日常生活环节和幼儿一起讨论、分析，鼓励幼儿指出和归纳危险物品的特征和可能会造成的危险后果，加深幼儿对危险事物的认识。

3. 是谁打碎了鸡蛋宝宝

以易碎的鸡蛋为参考，在环境创设中增加类似的常见物品，如番茄、葡萄粒等，让幼儿直观感受物体从高处掉落或者接触高温物体后的结果(如水果从高处掉落到地上会摔裂，接触热水会脱皮或变黑等)，联想危险行为对自身可能造成的严重后果，以此获得有关摔伤、烫伤等伤害的感性经验，增强幼儿的风险防范意识。

(二)区域活动

1. 沙水区

以盆或水池(深度不超过 30 厘米)为核心活动区，在水底铺设不同厚度的细沙，模拟不同深度的水域，提供大小不同的塑料人偶或动物模型，供幼儿模拟溺水的情景。

2. 美术区

提供彩笔、画好轮廓的紧急救援人员以及专业救护工具的图案、印有数字轮廓的报警电话号码等图片，引导幼儿参考模板进行涂色，熟悉报警电话号码。

提供角角兽、生气的火焰宝宝和蒸汽宝宝等卡通形象轮廓，让幼儿进行涂色，强化幼儿对相关意外伤害情景的认知。

“我为警察叔叔/消防员叔叔/医生添色彩”：将印有警察、消防员、医生等专业救护人员形象轮廓的图片交由小班幼儿涂色，涂色时可以给幼儿提供模板，但对具体填涂颜色的准确度不做要求。

3. 语言区

提供适合小班幼儿阅读的色彩鲜明、情节简单有趣的安全教育绘本，结合相关教学活动，在日常过渡环节中引导幼儿分享安全教育故事。

4. 生活区

此区域可收集若干物品的卡片，请幼儿找一找哪些物品是危险的，说一说这些物品为什么危险，平时应该注意什么。

（三）班级文化

1. 引导小班幼儿对生活中可能伤害到自身的情境和物体保持关注

随着认知能力和动手能力的发展，小班幼儿开始对生活中的各种事物产生强烈的探索愿望和好奇心，但因为其相关经验有限，往往难以预判后果，同时对经历过的意外伤害情况，由于抽象概括能力有限，也不能及时总结和反思。基于这一时期幼儿的思维特征，教师应先行就生活中各种意外伤害事件的主要特征进行概括，并以卡通形象的方式加以命名和标记，引导幼儿一起思考并使幼儿参与对教室、园舍、生活中的危险场所和物体的探索与标记，引发幼儿主动关注、具象化生活中的危险事件，最终使幼儿在一定程度上形成自觉的危险防范意识。

2. 引导小班幼儿对紧急求助电话背后的故事产生兴趣

基于幼儿喜欢玩打电话的游戏，教师在班级墙饰创设、图书区中投放与紧急求助电话相关的符号、图书等，并结合教学活动、生活活动、自由活动，以故事、儿歌、韵律操、手指操等多种方式，向幼儿不断传递紧急求助电话的用途和适用情境，增强幼儿对紧急求助电话的认识，使幼儿逐步萌发对专业救援人员的认识、热爱和崇敬。

3. 引导小班幼儿对自身不当行为的后果进行思考

小班幼儿以自我为中心的心理特征仍十分突出，对意外伤害事件倾向于向外归因，很难做到自我反思。对此，教师一方面可以在班级墙饰创设、图书区中投放各种避免意外事件的安全教育图书，结合日常教学活动，向幼儿讲解个人行为与意外伤害事件的关系；另一方面可以结合游戏等形式，让幼儿在模拟的意外事件中感知后果，强化幼儿对意外伤害事件的认识，提高其对意外伤害的预判能力。

四、 主题单元教育活动方案

小班活动 1：电话号码作用大

（一）活动背景

小班幼儿能够初步感知生活中数的用处，比如对电话号码的作用有一定的认知经验，但对各种紧急求助电话号码的实际作用及对应的紧急事件还缺乏足够的认知。对于生活经验还十分有限的幼儿而言，与自己生活联系密切的事件才最能引发他们的关注和思考，紧急求助电话及其作用与幼儿日常生活产生的直接联系较少，教师要结合生活中与幼儿关系最为密切的紧急事件，丰富幼儿对主要紧急求助电话作用的了解，使其能够准确识别特定的紧急求助电话号码的具体作用以及如何对应的典型紧急事件，掌握简单的电话求助方法，形成一定的安全意识。

（二）活动目标

第一，能记住几个常用的紧急求助电话号码，如 110、120、119。

第二，知道不同紧急求助电话号码的作用，并且知道不能随意拨打紧急求助电话。

第三，求救时，能向救援人员说出自己和家长的名字、家庭住址、联系方式等简单信息。

（三）活动准备

第一，若干紧急求助电话号码牌，如 110、120、119。

第二，常见的救护车辆和紧急救援人员的卡通形象，紧急救援人员的图片。

第三，生活中关于火灾、坏人闯入、交通事故等紧急情况的 PPT。

第四，对紧急电话号码中的数字有一定的认知经验。

第五，对紧急救援人员有了解，知道常见几种救援人员的职业名称。

（四）活动过程

1. 以生活实例为谈话内容，引出幼儿对类似紧急事件的关注和回忆

教师用 PPT 展示生活中常见的几种紧急情况，询问幼儿是否见过类似的情况。

师：小朋友们，你们见过这样的情况吗？这个小朋友家里发生了什么？

小结：教师引导幼儿自由交流，遇到类似情况该怎么办，可以向谁求助。

2. 继续展示生活中因其他紧急事故产生危险后果的 PPT，引导幼儿观察和讨论

师：小朋友们刚才看到了生活中会存在很多危险，如果遇到这种情况，我们该怎么办呢？有的小朋友说应该找警察叔叔，有的小朋友说要找消防员叔叔，还有的小朋友说要找医生。那你们知道哪里有警察叔叔、消防员叔叔或者医生吗？大家一起来找找看！

教师展示警察、消防员、医生等紧急救援人员及救援车辆的卡通形象，让幼儿指出紧急救援人员的职业名称。

3. 引导幼儿思考如何及时准确地拨打紧急求助电话

师：小朋友们，你们知道遇到危险了要尽快找人帮忙，可是警察叔叔、消防员叔叔和医生不会一直待在我们身边。那我们怎么找到他们呢？

教师引导幼儿知道可以打电话求助，让幼儿尝试在救援人员卡通形象下面贴上相应的紧急求助电话号码，并试着读出电话号码。

4. 指导幼儿准确说出自己和家长的名字、家庭住址、联系方式等简单信息

教师引导幼儿交流打电话求救时如何让救援人员尽快找到他们。

师：小朋友们，我们知道遇到危险可以打电话求救，可是警察叔叔、消防员叔叔和医生也不认识我们，怎么能让他们尽快地找到我们呢？

小结：教师指导幼儿进一步明确拨打紧急求助电话时要说出个人的哪些主要信息。例如，叫什么名字，住在什么地方。

（五）活动评价

本活动借助多媒体课件让幼儿感受需要求救的常见紧急情况，使其产生尽快获得他人帮助的愿望；然后通过让其感知专业救援人员的职业形象，理解救援人员专业能力的同时，引导其积极思考和表达自己向专业人员求救的方法，并帮助其总结利用紧急求助电话号码的准确方法，初步掌握一些电话求救的基本能力。

（六）活动延伸

家庭亲子活动延伸。家长利用周末时间，可以带幼儿去实地观察一下专业救援人员的形象和车辆，帮助幼儿加深印象，巩固知识要点，增强安全意识。

（七）参考资源

1. 原创儿歌

小警车

小警车，红蓝灯，哇呜哇，好威风。
有危险，要冷静，遇坏蛋，心不怕。
打电话，找警察，抓坏人，全靠他。

消防车

消防车，橘红色，大块头，水满车。
着大火，拨火警，找机会，赶紧撤。
消防员，好本领，灭大火，保家园。

2. 音乐欣赏

参考英文儿歌《警笛三重奏》，创编中文版儿歌，在活动间隙带领幼儿赏析、哼唱。

小班活动 2：藏起来的角角兽

（一）活动背景

小班幼儿动作协调性不强，加之活泼好动，注意力不集中，对生活中各种常见事物所隐含的风险预判能力欠缺，活动中容易发生一些磕碰伤害。为了让幼儿能够真正认识到磕碰受伤的成因，自觉约束自己的行为，形成一定的自我防护意识，本活动用游戏的方式，让幼儿在观察易造成磕碰受伤的物体特征的基础上，去寻找并标记易造成磕碰受伤的情景，丰富幼儿的相关安全意识和经验。

（二）活动目标

第一，知道生活中常见的磕碰危险，明白磕碰受伤的危害。

第二，在成人的提示下能注意到可能的危险，并调整个人行为，规避危险。

第三，能说出可使人磕碰受伤的物体的主要特点和一些简单的避免危险的方法。

（三）活动准备

第一，绘制成“吃豆人”形象的 1 元硬币大小的黄色贴纸若干。

第二，圆形、三角形、方形等不同形状的积木若干。

第三，头上被撞出包的儿童卡通画像 1 幅。

第四，暗藏有角角兽的图片若干。

第五，个别幼儿有过磕碰的经验，能够回忆起并简单描述相关过程，对受伤的原因有自己的看法。

（四）活动过程

1. 教师引入一则幼儿磕碰受伤的生活故事，引发幼儿关注和讨论

教师可以结合日常班级管理中曾经遇到的幼儿磕碰受伤的经历，引入讨论的话题，唤醒幼儿的记忆。

师：小朋友们，前两天××小朋友磕伤了，你们还记得吗？（可以是真实发生过的磕伤事件，也可以展示磕碰受伤的儿童卡通图片）磕伤以后会怎样呢？

小结：让幼儿感受图片中儿童的情绪（哭、伤心、不高兴等），引导幼儿描述磕碰受伤后的反应，产生自我保护的意愿。

2. 教师出示图片和实物，引导幼儿观察、感受和思考不同形状、质地的物体作用于人体后，可能产生的伤害

师：小朋友们的皮肤娇嫩，特别容易受伤。刚才小朋友们也看到了，如果我们不注意保护自己，就会磕伤、碰伤。在生活中，哪些东西会让我们受伤呢？想一想，自己或别人以前是在哪里碰伤的？

待幼儿回答后，教师拿出不同形状的积木，让幼儿观察、触摸，让幼儿看看这些形状的积木在教师出示的暗藏有角角兽的哪些图片里能找到；也可以让幼儿从坐着的椅子或周围的物体上寻找，找到以后，让幼儿摸一摸，拍一拍，描述一下感受。

师：刚才看到几个小朋友，拍打自己的椅子角时，很轻、很小心，为什么呢？

小结：引导幼儿体会和描述，家具有角的地方又尖又硬，人碰到可能会受伤。我们在走路、跑步、做事情的时候，一定要放慢速度，尤其是在狭窄的空间里，遇到又硬又尖的地方要懂得绕开，不推挤，否则就可能会有危险。

3. 教师和幼儿的共同探讨，让幼儿亲自探究生活中易造成磕碰受伤的物体

教师可以在聚集危险物体基本特征的基础上，展开讨论，让幼儿亲自探究。

师：小朋友们，原来生活中有一些又硬又尖的东西，特别容易让我们受伤，是不是有点儿像躲藏起来的小怪兽，一不小心可能就会伤害我们，想不想和老师一起把这些“小怪兽”找出来呢？我这里有一些“角角兽”贴纸，小朋友们，我们一起去找找教室里的“角角兽”吧，找到了，就把贴纸贴上去。

教师鼓励幼儿有序领取贴纸，并开始自由探究。

小结：一起验证一下幼儿找到的“小怪兽”，加深幼儿对危险地方和危险物品的认识。

（五）活动评价

本活动以生活中比较常见的幼儿磕碰事件导入主题，让幼儿借助常见的积木等游戏材料模拟日常生活情境，感受磕碰受伤的主要原因，并采取游戏的形式让幼儿在真实的生活场景中强化已有经验，帮助其从认识层面真正理解磕碰受伤的成因，萌发主动避险的意识。

（六）活动延伸

1. 区域活动延伸

益智区：教师提供更为复杂的生活场景图片，让幼儿尝试根据对易造成磕碰受伤物体的特性的认识，从棱角大小、尖锐程度、质地等方面，把搜集到的“角角兽”圈起来，并进行归类。

2. 家庭亲子活动延伸

基于角角兽的寻找经验，邀请家长与幼儿结合家中的摆设，在家中展开探索，寻找和标记易造成磕碰受伤的物体。

小班活动 3：身边的“小生气”

（一）活动背景

小班幼儿对生活中发热、燃烧等物理现象感兴趣，如成人稍有疏忽，就可能会给幼儿造成不可逆转的烧烫伤害。对此，为让小班幼儿直观地感受化学变化和物理变化给人造成的烧烫伤害，形成一定的危险预判能力，自觉调整自己的行为，本活动用科学实验结合游戏的方式，让幼儿直接观察易造成烧烫伤的现象，积累相关感知与经验，形成初步的安全防范意识和能力。

（二）活动目标

第一，知道烧烫伤的危害。

第二，知道导致烧烫伤的常见情况。

第三，了解引发烧烫伤的原因。

第四，在成人提醒下知道如何避免烧烫伤，知道简单的防烧烫伤的方法。

（三）活动准备

第一，画有生气和平静表情的火焰娃娃与蒸汽娃娃图片各两幅；红色火焰状卡通贴纸和蓝色水滴状贴纸若干；火焰燃烧以及水烧开时的视频片段。

第二，用锡纸做的直径 5 厘米左右的小碗 1 个，透明玻璃杯若干，简易支架（用来将小碗支起）1 个，蜡烛 1 根，打火机 1 个，提前准备好的微烫的热水 1 壶。

第三，家庭室内生活布局图1张或者对应的PPT课件，图中应包含若干可能造成烧烫伤的场景。

（四）活动过程

1. 用故事引出实验主题，并展示实验过程

教师展示火焰娃娃和蒸汽娃娃的卡通图像，借助视频演示，向幼儿描述它们的能力，并让幼儿想象与它们相遇后可能出现的情况，引出实验。

师：小朋友们，今天我给大家带来了两个新朋友，一个是火焰娃娃，另一个是蒸汽娃娃。大家觉得它们可爱吗？在生活中，其实我们经常会见到它们两个，我们看看它们有什么本领。

教师展示物体燃烧和水被烧开后喷出蒸汽蒸煮食物的画面。

师：刚才小朋友们看到了火焰娃娃和蒸汽娃娃的本领，原来我们吃的各种美味的食物都离不开它们的功劳，可是你们知道吗？要是一不留神，火焰娃娃和蒸汽娃娃生气了，可能就会很危险。我们先看看它们是怎么出现的。

教师用蜡烛加热锡纸碗中的水，另外一位教师辅助，维持幼儿在安全距离内轮流观察水烧开时的情况，并引导幼儿自由描述看到的现象。

师：刚才小朋友们一定看到了，在火焰娃娃的帮助下，水很快就烧开了，而且也看到了很多蒸汽娃娃跑出来。有的小朋友们可能觉得它们一点都不危险，现在我们来感受一下，已经不那么生气的蒸汽娃娃是什么样子的。

教师将准备好的微烫的水倒进玻璃杯，倒至二分之一处，让幼儿观察玻璃杯中的水蒸气，用手接触杯壁，谈谈感受。

小结：蒸汽娃娃一般只待在烧开的水里，水越热，它就越生气，如果我们接触它，会感觉很烫，还有可能被烫伤。

2. 拓展实验内容，在此基础上让幼儿通过游戏强化相关经验

让幼儿在安全距离内，继续观看教师演示生活中常见物体的燃烧情况，让幼儿感受火焰的威力。

师：小朋友们，刚才大家看到了，火焰娃娃能够让蒸汽娃娃很生气，火焰娃娃生气的时候，能够造成的破坏还不止这些。大家看，我的手里有一些在家里经常能看到的东西，大家说说这是什么。

教师向幼儿展示细小的布条、一小撮毛发和一张纸条，让幼儿摸一摸这些材

料，并描述他们的特点。

师：现在我们把这些东西放到火上，看火焰娃娃会对他们怎么样。

将布条、毛发、纸张点燃(另外一位教师辅助，维持幼儿在安全距离内)，让幼儿描述物体燃烧时的情境，然后教师指出生活中还有很多特别容易点燃的物体。

小结：让幼儿感受火焰的威力的同时，使其意识到操作不当可能会使自己受到伤害；教师展示室内布局图，让幼儿把容易出现火焰娃娃或蒸汽娃娃的地方，贴上火焰娃娃或蒸汽娃娃的贴纸。

（五）活动评价

本活动在充分做好安全防护的基础上，向幼儿展示生活中常见的发热、燃烧等物理现象，让幼儿在直观感受相关现象的物理特征的同时，初步感受和描述出热源给自己带来的不适感，并联想到可能产生的危险后果，然后采用游戏的方式让幼儿标注生活中可能存在的危险物品，进一步强化幼儿主动避免的意识。

（六）活动延伸

组织幼儿观看火灾短片，感受火灾给人们带来的伤害。

延伸“我给蒸汽宝宝降降温”，让幼儿通过用嘴吹、扇子扇等方式，感受水温的变化，初步感知水温与空气流动的关系，体会吃热饭时要吹一吹的原理。

小班活动 4：是谁打碎了鸡蛋宝宝

（一）活动背景

小班幼儿肢体运动能力已经有了一定的发展，喜欢尝试攀爬高处、跑跳等动作，但受限于动作协调能力，可能摔伤，并对后果预判不足。对此，基于幼儿已有能力，让幼儿从感知身边事物的脆弱属性，延伸到对自身危险行为的认识，引导幼儿了解易于摔伤的生活场景，强化幼儿防摔伤的意识。

（二）活动目标

第一，知道可能造成摔伤的常见情况。

第二，知道摔伤的后果和危害。

第三，知道不攀爬到高处，不随意从高处跳下。

（三）活动准备

第一，用煮熟的鸡蛋制作的卡通宝宝形象。

第二，长条状积木若干，可以搭建成高低不同的台阶。

第三，海绵若干块或质地柔软有弹性的垫子。

第四，幼儿知道生活中一些物体从高处坠落会摔碎。

（四）活动过程

1. 以一个故事情境，引入实验主题

教师在教室桌子上用积木搭建高低不同的台阶和平台，然后将鸡蛋宝宝摆放在不同高度的台阶上，模拟幼儿日常行走的状态。

教师向幼儿展示鸡蛋宝宝，让幼儿摸一摸，看一看，让他们说出自己的感受，然后将鸡蛋宝宝摆在事先搭好的积木台阶上，引出一段鸡蛋宝宝走路的故事情境。

师：小朋友们，我给大家带来了一些鸡蛋宝宝，看这个是大宝，这个是二宝，这个是三宝。他们今天要出去郊游，走着走着，路过一排的台阶。大宝说，台阶一个个走，太麻烦了，他想一下跳过几个台阶。可是二宝和三宝都说，不能跳，应该一个一个走。你们觉得谁说得对呢？

小结：引导幼儿讨论，并说出各自的理由。

2. 引导幼儿观察鸡蛋宝宝滚下不同高度的台阶后的变化，并说出理由

师：刚才有的小朋友说，不能跳台阶玩，鸡蛋宝宝会摔伤。有的小朋友说，台阶不高，没关系。大家想不想看，到底该不该跳着玩呢。

教师将放在不同高度的鸡蛋宝宝滚下台阶，引导幼儿观察和描述从不同高度的台阶滚下的鸡蛋宝宝的外观，然后说出鸡蛋宝宝外形发生变化的原因；在台阶下面铺上柔软的垫子，让幼儿再次观察鸡蛋宝宝从高处滚下后的变化，然后说出原因。

师：小朋友们，刚才鸡蛋宝宝从高处滚下来的时候摔破了，现在我在台阶下面铺了垫子，大家再看一看，鸡蛋宝宝还会摔碎吗？

小结：鸡蛋宝宝从一个地方滚下来，为什么有时候会摔坏，有时候不会？

当幼儿能说出鸡蛋宝宝从高处滚落到坚硬的地方就会摔破时，教师引导幼儿思考，如果他们从高处掉下会怎样，以后该怎么做。

3. 让幼儿知道不攀爬到高处，不随意从高处跳下

出示图片，引导幼儿明白这些地方不能跳，太危险。

引导幼儿明白，生活中小朋友喜欢跳上跳下，但要注意跳跃的要领和知道避免受伤的简单方法，如不能攀爬高处，玩跳高的游戏要在成人的陪护下并做好防护措施等。

（五）活动评价

本活动利用生活中常见的鸡蛋和积木，模拟生活中人从高处摔下来的情景，引导幼儿思考鸡蛋被摔破和环境的关系，并以此迁移到人摔倒受伤与身边环境的关系，帮助幼儿思考和总结生活中自己的不当行为有可能受到的伤害，自由表达想法，形成一些防摔伤的意识。

（六）活动延伸

在一日生活中，对不乱攀爬、跳跃高台的幼儿给予及时的鼓励，可将鸡蛋宝宝作为一种重要的奖励，由表现优秀的幼儿轮流看护，增强幼儿的责任感，同时也提醒幼儿注意相关规则。

（七）参考资源

卡通短片：《小朋友学骑车》《不小心摔伤了别害怕，救护车来帮忙》。

小班活动 5：我爱玩水

（一）活动背景

幼儿天性爱玩水，但因生活经验不足，对于水给人类造成的威胁知之甚少。为了让幼儿对水充满敬畏之情，增强幼儿对未知水域的警惕性，获得一定的防溺水知识，特设计本活动。

（二）活动目标

第一，知道溺水的危险和后果。

第二，知道不独自去陌生的水域里玩。

第三，知道去水池里玩水一定要有大人的陪同。

第四，了解一些防溺水的知识。

（三）活动准备

第一，装有温白开水或纯净水的水盆。

第二，蓝色的丝带，模拟水位线。

第三，幼儿戏水的图片或视频片段；生活中有水的不同场景，如湖泊、海洋、游泳池、浴缸等。

第四，幼儿知道人的鼻子或嘴需要保持呼吸畅通。

（四）活动过程

1. 出示幼儿戏水的图片，引发幼儿回忆相关经历和感受

师：小朋友们，你们玩过水吗？就像这样(展示幼儿戏水的图片)。你们喜欢玩水吗？为什么？你们玩水的时候害怕过吗？

引导幼儿讨论，玩水的时候在什么情况下会让人感到害怕，为什么会让人害怕。

2. 让幼儿尝试体验水对人体呼吸的影响，初步感受水对人的威胁

师：刚才有的小朋友说，他在水池中玩水的时候，被水呛过，这让他很难受。

引导幼儿讨论如果被水堵住了口鼻会发生什么情况。

3. 结合游戏让幼儿了解易造成溺水的场景

师：小朋友们，生活中有很多地方都有水，但是有些地方的水很深，一不小心就会淹没我们的口鼻，我们不能呼吸后就会有生命危险。我们一起来玩个游戏，多深的水会淹没我们，给我们带来危险。

教师用蓝色丝带模拟不同高度的水位线，以游戏的方式，让幼儿体验在蹲、坐、站立等不同姿势下，多高的水位线是安全的。接下来，教师提供生活中有水的不同场景，让幼儿指出可能有危险的场景。

小结：当幼儿指出相应的场景后，引导幼儿总结，玩水时应有大人的陪同，并且不随便去自己不了解的水域玩水。

（五）活动评价

幼儿可以用自己的话描述出嘴巴中含水的感觉；愿意参与到体验活动中，

并且能够配合教师完成活动；知道玩水前应得到大人许可并由大人陪同。

（六）活动延伸

主题展示：“寻找危险的水池”，在教室里用醒目的标记布置一块区域，让幼儿和家长将找到的可能会造成溺水危险的场景张贴到其中，强化幼儿的防溺水认识。

图书区：投放绘本故事书《溺水的橘子狐狸》《菠萝虎落水了》等供幼儿阅读，以增强幼儿的防溺水的安全意识。

（七）参考资源

乙未象童书．小鬼当家 6：小心溺水和窒息．北京：新时代出版社，2015.

五、 主题单元幼儿表现评估

主题__________

班级__________　　幼儿姓名__________　　教师姓名__________

评价者__________　　日期__________

评估准则：完全掌握或做到 4 分；有时掌握或做到 3 分；初步掌握或偶尔做到 2 分；暂未掌握或做不到 1 分。

学习目标	具体表现	4	3	2	1
1. 在成人的提醒下不做危险的事。					
2. 了解简单的求助方式，会拨打 110、120、119 紧急求助电话。					
3. 求救时，能向救援人员说出自己和家长的名字、家庭住址、联系方式等简单信息。					
4. 了解生活中常见的意外伤害，增强自我保护的意识和能力。					

小班心理健康

一、 主题单元背景资料

小班幼儿离开父母和家庭，进入幼儿园，他们依赖的亲人、熟悉的家庭环境和以自我为中心的生活习惯被改变，取而代之的是陌生的老师、陌生的小朋友、陌生的幼儿园环境和陌生的集体生活，其中的适应过程可能会很痛苦，但这些变化是他们从自然人到社会人转变的重要过程，其心理适应和转换也是幼儿社会化进程的重要一步。

本主题单元的学习将针对小班幼儿心理发展不成熟、认识靠行动、情绪变化大、爱模仿等心理特征，围绕自我认知、情绪、挫折、交往等方面，观察幼儿的内心感受，满足幼儿的心理安全需求，并结合幼儿的生活，采用做游戏、看视频、讲故事、心理疏导等方式，让幼儿在与环境、区域、同伴、教师的互动中形成积极、乐观、向上的心理品质和健全的人格，提升其幸福感。

二、 主题单元目标

第一，建立初步的自我意识和自我控制能力，提高自信心。

第二，初步了解高兴、愤怒、悲伤等基本情绪，并能在成人安抚、心理调节等手段下稳定情绪，逐渐增强情绪的稳定性。

第三，能在成人及同伴鼓励下表达内心恐惧，有克服的意愿，并逐步提高克服困难的能力。

第四，初步了解交朋友的重要性，并学习与同伴交往的方法，知道要用友好的方式对待同伴，体验交往的快乐。

第五，知道家人为自己做的事情，体会家人对自己的爱，会用自己的方法表达爱。

三、 主题单元环境创设

（一）墙饰创设

由于小班幼儿的年龄特点，教师在墙饰创设上要注意“正面教育”原则，让幼儿在和墙饰互动中感知我很棒、我快乐、我勇敢的积极情感，以此激发其内在力量并反馈于行动，从而形成正强化。

1. 我长大了

这一板块包括两方面内容：一是“比一比”，指向小时候和现在的变化；二是“我很棒”，指向现在我会的本领。“比一比”板块张贴幼儿小时候和现在的各项变化对比图，比如小时候和现在的衣服不同、玩具不同、能力不同、兴趣爱好不同等，通过展示这些变化让幼儿感知自己已经长大，并产生自豪的情感。“我很棒”则是动态展示区域，根据幼儿的表现张贴“我能干的事”，并定时调整，动态展示，激励幼儿调整自我行为，形成良性循环。墙面展示可采用照片展示和实物展示相结合的方式，同时拓展主题墙形式，将墙面张贴和桌面展示相结合，便于幼儿互动。

2. 情绪变变变

这一板块的内容是集体活动“笑娃娃、哭娃娃和气娃娃”和“我不害怕”的延伸，集体活动结束后教师将活动中涉及的情绪娃娃张贴在主题墙中。在张贴活动中，教师和幼儿讨论并梳理情绪调节的方法，供幼儿在情绪不佳时借鉴。另外，根据本班幼儿的实际情况，可以拓展情绪内容，如焦虑、自信、恐惧等。

3. 一起玩真开心

这一板块主要展示幼儿在一起快乐做游戏时的照片，如三四个小朋友在娃娃家、两个小朋友在搭积木、一大群人和老师一起玩游戏……重在通过愉悦的照片使其体验同伴交往的快乐场景，萌发想和大家友好相处的情感。

(二)区域活动

1. 心情屋

教师用帐篷、抱枕、毛绒玩具、出气包、柔软墙饰等将教室角落布置成"心情屋",心情屋有记录心情和发泄不良情绪两方面的功能。

(1)记录心情。小班幼儿对于情绪的感知能力较弱,因此在记录心情时可以采用正反面插牌方式,心情种类只要有高兴、伤心两种即可。

(2)发泄不良情绪。心情屋除了布置帐篷供幼儿躲藏外,还应设有小门或围栏,当幼儿不开心、想哭但又不想被别人知道或打扰时,可以关上小门代表拒绝。而抱枕、毛绒玩具、出气包的投放能给幼儿提供多种发泄方式。

2. 角色扮演区

在娃娃家投放小衣服、晾衣架、尿不湿等,让幼儿在游戏中照顾宝宝,感知自己已长大的情感。幼儿在实际操作中可以发展叠衣服、穿衣服、晾衣服等生活技能,提升生活自理能力。

通过小医院游戏,幼儿熟悉医生看病流程,缓解并疏导害怕就医、害怕打针等不良情绪,在游戏和操作、摆弄中让自己勇敢起来。

(三)班级文化

1. 物质环境创设:幼儿园是我家

小班幼儿刚离开家庭进入陌生的幼儿园,或多或少会存在分离焦虑并缺乏安全感,温馨、便利、好玩的幼儿园环境会让他们感到安全和新奇,并使其对幼儿园产生兴趣。因此,幼儿能触碰到的物品都应具备安全、柔性、方便三方面的特性。比如,盥洗室中符合他们身高的洗脸盆、便池、毛巾架;游戏区中柔软的垫子和抱枕、毛绒玩具;主题墙上的全家福;标有幼儿照片的杯子、小床、小椅子等专属物品……这些都能让幼儿觉得新奇、有趣,而且方便他们使用,让幼儿对幼儿园产生安全感,感觉这里就像自己家里一样。

2. 精神环境建立:教师像妈妈、同伴是朋友

除了物质环境的创设,精神环境建立更为重要。教师要像母亲一样细心,耐心地关注每一个幼儿,用亲切的目光注视、和蔼的话语交流,给予幼儿温柔体贴的拥抱,稳定幼儿情绪的同时获得幼儿的信任和喜爱,并从中建立良好的

师幼关系。此外，教师要营造其乐融融的班级氛围，使幼儿之间形成分享、协商、合作、互帮互助等良好的交往习惯，使幼儿在感受到教师关爱的同时体验同伴间的亲密之情。

四、 主题单元教育活动方案

小班活动1：我长大了

（一）活动背景

小班幼儿对于“长大”有自己的理解和困惑，一方面因为入园而感受到自己和以前的不同，另一方面却弄不清什么叫“长大”，人为什么要长大。因此，本活动通过让幼儿认照片、看视频、试衣服等直接感知、实际操作的方法，帮助他们在观察、比较中了解和感受自己在身体、能力上的变化，体验长大的快乐，进而激发其因更加懂事、能干而带来的自信心和自豪感。

（二）活动目标

第一，通过认照片、看视频、试衣服等活动，感受到自己的长大。

第二，在集体面前，能大胆地发表自己的想法。

第三，知道自己的事情自己做是长大的表现，为自己长大感到自豪。

（三）活动准备

请家长提供幼儿小时候的照片、衣服及玩具，请家长协助制作幼儿“小时候与现在”的成长视频，并讲一讲幼儿小时候的事情。

（四）活动过程

1. 认一认——外貌的变化

幼儿观看小时候的照片，感受自己外貌上的变化。

提问：你能找到自己小时候的照片吗？你是怎么看出来的？

出示个别幼儿照片，请幼儿认一认照片上的宝宝。

提问：这是谁？他怎么长得和现在不一样呢？

小结：我们都长大了，所以我们的外貌发生了变化，和小时候不一样了。

2. 试一试——身体的变化

幼儿试穿小时候的衣服，感觉自己的身体长大了。

提问：小朋友都带来了小时候的衣服，去试一试现在还穿得下去吗？

小结：我们的头、身体、手、脚各个部位都变大了，我们真的长大了。

3. 看一看——本领的变化

观看同一个幼儿“小时候与现在”的成长视频，感受幼儿能力上的变化。

提问：这个小宝宝在做什么？他为什么要妈妈帮忙？这个小朋友在做什么？他为什么不要妈妈帮忙了？

小结：其实第一个宝宝还是个小孩子，什么事情都要妈妈做；当宝宝长大了，就会自己的事情自己做了。

由视频转向自我，幼儿感受自己的成长。

提问：你和小时候的自己比，学会了什么新本领？

小结：当我们会自己做很多事情、学会了新本领时，说明我们长大了。

（五）活动评价

本活动通过让幼儿看小时候的照片、试穿小时候的衣服、观看小时候和现在的视频等途径，让幼儿沉浸在“我长大了”的情绪氛围中，自然而然萌发“我想”“我要”“我能”的主观感受。活动中，幼儿能感知、表述自己在外貌、身体和能力上的变化是此次活动的评价重点。

（六）活动延伸

利用一日生活与学习活动，激发幼儿自我服务意识，如进行“我会自己吃饭”“我会收拾餐具”“我会洗手”等讲述活动。

在娃娃家投放幼儿小时候的用品及玩具，让幼儿在照顾宝宝的过程中进一步感受长大的快乐。

请家长创造机会，鼓励幼儿自己的事情自己做，合力促进幼儿成长。

（七）参考资源

[英]安西娅·西蒙斯(文)，[英]乔治·伯基特(图). 我长大了. 余治莹，译. 青岛：青岛出版社，2018.

[美]诺拉·盖多斯(文)，[美]阿基米·古铁雷斯(图). 嗨！我长大了(全7

册）. 菲菲，译 . 北京：中国环境出版社，2017.

小班活动 2：笑娃娃、哭娃娃和气娃娃

（一）活动背景

通常幼儿因高兴、快乐的事开怀大笑，因难过、害怕的事而伤心啼哭，笑和哭都是幼儿正常的情绪表达方式。但由于小班幼儿的情绪调节能力较差，当伤心、失望、生气的时候，他们会哭闹不止或自我封闭，甚至出现摔东西、咬人、打架等行为，如果幼儿长期处于不良的负面情绪中，或者以不当的方式发泄情绪，会影响他们的人际关系的发展及身心健康。因此，帮助幼儿正确地认识情绪，学会表达情绪，掌握调节情绪的方式，对幼儿一生的发展至关重要。

（二）活动目标

第一，能正确识别笑、哭、生气三种不同的情绪表现。

第二，能用适宜的方法表达自己的情绪体验。

（三）活动准备

第一，提供拍手歌音乐、欢乐舞音乐、表情汇总图。

第二，活动前，邀请三个大班幼儿扮演笑娃娃、哭娃娃和气娃娃，并辅导其排练。

第三，将幼儿座位围成圆形，便于彼此交流和互动。

（四）活动过程

1.“幸福拍手歌”暖场，建立宽松、自由的氛围

教师和幼儿在圆圈内自由唱歌、互相拍手，感受轻松、愉悦的氛围。

幼儿在布置成圆形的座位上入座。

请幼儿说说刚才拍手游戏时自己快乐的心情，模仿自己和同伴哈哈大笑的模样。

2. 体验情绪——认识“笑、哭、生气”三种情绪

教师引出三位小客人，引导幼儿根据表情、动作进行猜测。

师：今天来了三位客人，请你猜猜他们当中谁是笑娃娃、谁是哭娃娃、谁

是气娃娃。你是怎么看出来的？

小结：我们可以从他们的表情、动作来猜测，笑娃娃整天笑眯眯的说明他很高兴，哭娃娃特别喜欢哭，气娃娃瞪着眼睛噘着嘴，动不动就生气。

幼儿模仿开心、生气、难过时的不同表情。

师：笑娃娃的表情都是怎样的？我们一起来学一学。高兴的时候我们还可以怎样来表达，生气和难过的时候又怎样来表达呢？

幼儿谈谈自己的情绪体验，并对这三种情绪产生共鸣。

师：他为什么这么开心(生气、难过)？你什么时候也是这么开心(生气、难过)？

3. 情绪调节——引导幼儿梳理总结调节情绪的方法

师：你最喜欢哪个娃娃，为什么？

小结：哭娃娃和气娃娃样子不好看，大家都不喜欢；笑娃娃又好看又可爱，大家都喜欢笑眯眯的娃娃。

教师出示表情汇总图，讨论调节情绪的方法。

师：怎样让哭娃娃不哭、气娃娃不生气呢？教师及时把幼儿的方法汇总在图表上。

幼儿分两组，分别在教师的帮助下，自由和哭娃娃、气娃娃交流，帮助他们变成笑娃娃。

4. 体验快乐——与情绪娃娃共跳欢乐舞

师：我们帮助了哭娃娃和气娃娃，自己也感到很快乐，现在我们跟着三个笑娃娃一起来跳欢乐舞吧！

（五）活动评价

本活动采用邀请三个幼儿扮演情绪娃娃，与幼儿现场互动的方式，引导幼儿识别、调节情绪，让其在自然情境中润物细无声地感知情绪、习得方法。观察幼儿能否辨别不同情绪，能否大胆地用声音、表情等表达自己的情绪体验，能否进行初步自我调节是评价的重点。

（六）活动延伸

将情绪汇总图整合在“墙饰创设”中，供幼儿讲述或运用，鼓励幼儿及时将想到的新方法告诉教师并与教师一起补充记录。

创设“心情角”或“发泄角”，鼓励幼儿有不良情绪时，到“心情角”或“发泄角”调节或宣泄。

（七）参考资源

[美]劳伦·鲁本斯坦(文)，[美]雪莉·赫享伯格(图)．当情绪来敲门．王玮，译．北京：化学工业出版社，2016.

[美]吉娜·迪塔-多纳林(文)，[美]安妮·凯瑟琳·布莱克(图)．妈妈，我真的很生气．赵丹，译．北京：化学工业出版社，2014.

[加]黛比·威根贝奇(文)，[加]史蒂夫·麦克(图)．坏脾气小精灵，快走开！．程秀丽，译．北京：化学工业出版社，2016.

小班活动 3：我不害怕

（一）活动背景

小班幼儿因缺乏生活经验，往往不会向大人正确表达自己的情绪、情感，也不能很好地自我化解，逃避、抗拒、哭闹等方式是其害怕的表现。通常，当幼儿处于害怕这种情感状态时，成人往往简单告诉幼儿要“勇敢”，而对于幼儿“为什么害怕”“害怕时怎样做”却少有关注。因此，本活动借助绘本《我好害怕》让幼儿感知每个人都会有害怕的情绪，不要担心，不要难为情，要想办法让自己克服害怕情绪。

（二）活动目标

第一，知道害怕是一种正常的情绪。

第二，尝试在同伴面前说出自己内心的恐惧。

第三，能够在成人的引导下，寻找消除害怕心理的办法。

（三）活动准备

第一，绘本《我好害怕》并做成 PPT，幼儿害怕原因分类图板，表情图 4 个（正面害怕表情、反面微笑表情）。

第二，活动前，请家长与幼儿一起讲述害怕的经历，并帮助幼儿用绘画的方式记录。

（四）活动过程

1. 阅读绘本前半部分，导出害怕心理

教师出示绘本，让幼儿观察封面，引出害怕的情绪。

师：小熊今天怎么了？它的眼睛瞪得大大的，毛都立了起来，双手握得紧紧的，小熊到底怎么了？

阅读绘本前半部分，了解内容，关注小熊害怕的原因。

师：故事中有谁？小熊为什么害怕？

师：原来小熊遇到了一只凶恶的大狼狗，小熊真害怕！

2. 经验迁移，说出自己的害怕经历

教师出示害怕经历记录图，帮助个别幼儿分享自己的害怕经历。

师：你有害怕的时候吗？谁愿意来说一说。

根据自己的害怕经历记录图，分组交流，教师巡回指导。

师：你害怕的是什么？为什么害怕？害怕的时候你心里是什么感觉？我们一起做做害怕的样子。

小结：原来害怕时我们会全身发抖，缩成一团；有时还会闭上眼睛、捂住耳朵；或者大声尖叫或者大哭……害怕真不舒服。

教师出示害怕原因分类图板，引导幼儿梳理经验，并归类展示。

凶猛动物类：老虎、狮子、狼等。

巨大声响类：打雷、爆炸声、暴风雨声等。

危险物品类：刀、电、剪刀等。

…………

3. 交流讨论，克服害怕心理

利用图板，教师和幼儿探讨克服害怕心理的方法，并通过翻转表情图片使幼儿认同正确方法。

怎样才能让我们不害怕呢？

凶猛动物类：躲起来、赶紧逃跑、找大人、不去招惹动物……

巨大声响类：捂住耳朵、钻到被窝里、让妈妈抱着……

危险物品类：小心使用、请爸爸妈妈帮忙、不玩火玩电……

教师重点疏导打针时的害怕情绪。

师：你们害怕打针吗？为什么？

请个别不害怕打针的幼儿介绍经验。

小结：打针时躲在妈妈怀里不看针、告诉自己长大了要勇敢、打完针买好吃的奖励自己……

幼儿结伴模拟打针情境。

4. 阅读绘本后半部分，拓展运用

教师继续阅读绘本，让幼儿了解小熊克服害怕心理的方法。

师：我们一起来看看小熊有没有变勇敢。

师：它想到了什么办法？现在小熊的脸上是什么表情？

幼儿与同伴说一说自己“打倒害怕”的计划。

（五）活动评价

本活动由绘本《我不害怕》中小熊的害怕情绪自然而然引导出幼儿对害怕情绪的关注，也容易引起共鸣。将幼儿的害怕缘由前置，由教师和幼儿一起梳理并绘制成图，可有效唤醒幼儿的相关经验，为其自信地表达提供支持。运用展板将幼儿害怕的内容归类，共同探寻对应的克服方法。模拟打针的情境等，让幼儿从认知到操作，有效促进目标的实现。活动还通过幼儿能否直面害怕并在同伴面前说出自己内心的恐惧、关注幼儿能否针对各自害怕的心理想出解决办法等维度来评价活动。

（六）活动延伸

请家长和幼儿一起制订“打倒害怕”计划，根据幼儿的表现给予评分，并将幼儿的进步及时向班级教师反馈。

多组织幼儿进行勇敢者游戏，如适当高度的平衡木、攀爬架等。但要让幼儿明白勇敢的真正含义，勇敢者的游戏不是打架欺负别人，更不是做一些危险动作。

角色扮演区增设“小医院”，让幼儿在游戏中模拟真实情境，缓解害怕心理。

（七）参考资源

[美]简·阿农吉亚塔，马克·涅米罗夫(文)，[美]布莱恩·朗度(图). 有时我会害怕. 贺剑瑜，译. 北京：化学工业出版社，2012.

[日]穗高顺也(文)，[日]长谷川义史(图). 我可不怕打针. 朱自强，译. 石家庄：河北教育出版社，2014.

小班活动4：我们一起玩

(一)活动背景

如何与人交往，这是每个幼儿在成长过程中都要面对的重要问题，小班幼儿年龄小、沟通能力相对较差，胆小、内向或“以我为中心”的现象比较常见，因此让幼儿学习如何与人交往并习得正确的交往方式至关重要。本活动通过创设轻松的情境、生活化的氛围，让幼儿在情境冲突、同伴互动中学习怎样处理矛盾，学习良好的交往形式，极力让每个幼儿获得与同伴友好交往的快乐情感体验。

(二)活动目标

第一，尝试用谦让、合作等方法解决游戏中的矛盾冲突。

第二，乐于与同伴友好活动，体验交往的快乐。

第三，学习使用“没关系”“我们一起玩”“你先玩”等礼貌用语。

(三)活动准备

提供小动物指偶一个、音乐、照相机一个。

(四)活动过程

1. 创设情境，角色导入

师(戴小鸡指偶)：前几天下大雨，小鸡的房子被大雨冲垮了，无家可归的小鸡可着急了，我们一起来帮它造新房子吧!

2. 体验搭建过程，梳理交往方法

幼儿自由搭建房子，教师观察并拍下幼儿活动照片。(特别关注矛盾冲突)

师：你们刚才玩得开心吗？发生了什么事情？

教师出示刚才拍摄的照片。

展示没有冲突的照片，提问：照片中有谁？他们是怎么合作的？一起搭积木心情怎么样？

展示有冲突的照片，提问：他们发生了什么事？是怎么解决的？

小结：我们应该和朋友一起玩，要谦让，不吵架，可以说“给你吧，我再去找一块”“我们一起玩吧”。

3. 再次游戏，掌握方法

幼儿第二次为小鸡搭建房子，教师巡回观察。

师：为什么这一次小朋友没有像刚才那样争吵呢？你们是怎么做的？互相之间是怎么说的？

小结：我们以后在游戏时如果发生矛盾，要学会说礼貌用语“没关系，你先玩”和“我们一起玩”这类文明用语，商量着解决矛盾，大家都是好朋友！

4. 小鸡搬新家，幼儿情感升华

教师出示小鸡指偶，模拟角色语言，感谢大家的帮助。

教师引导幼儿与好朋友一起共舞庆祝。

（五）活动评价

本活动通过为小鸡建房子的游戏情境，调动幼儿积极性的同时重现幼儿真实游戏场景。活动中幼儿的行为都是真实的，因此后期的交流和心理辅导也是有效的。观察幼儿的交往行为，并及时抓住幼儿交往中的闪光点，以此为榜样，强化幼儿正确的交往行为。

（六）活动延伸

在一日生活中关注幼儿的交往情况，发挥同伴榜样力量，肯定并鼓励幼儿间良好的交往行为。

组织开展“找朋友”“碰一碰”等有关同伴交往的游戏，鼓励幼儿大胆、主动地寻找朋友，并感受朋友间共同游戏的快乐。

（七）参考资源

[日]五味太郎．大家一起玩一玩．晓晗，译．北京：连环画出版社，2017.

[英]弗兰恩·普雷斯顿-甘农．大家一起玩更好玩．余治莹，译．上海：文汇出版社，2018.

小班活动5：妈妈包里的秘密

(一)活动背景

心理学专家认为：幼儿和母亲的关系会直接影响幼儿的一生。幼儿从小沐浴在父母无微不至的爱中，认为父母的付出理所当然，不懂得父母的辛苦和关爱，经常为小事生气、对父母发脾气。本活动以幼儿感兴趣、熟悉的“妈妈的包”为切入点，通过观察妈妈包里的物品，让幼儿进一步了解妈妈，体会妈妈对自己的爱，继而萌发爱妈妈的情感。

(二)活动目标

第一，通过观察妈妈包里的物品，进一步了解妈妈的生活，感受妈妈对自己的爱。

第二，能用较完整的语句表达自己的想法以及对妈妈的爱。

(三)活动准备

第一，提供各种包(不同材质、不同颜色、不同背法)。

第二，提供包里的物品，如手机、钥匙、餐巾纸、皮夹、伞、背心、药瓶、杂志、零食、家园联系本等。

第三，参与“我爱妈妈”的相关活动。

(四)活动过程

1. 呈现各种包的PPT，认认自己妈妈的包

师：你妈妈的包是什么样的?

小结：这些都是你们的妈妈用的包，有的包是斜背的，有的是双肩背的，有的包上还有装饰品，妈妈们的包都不一样。

2. 展示妈妈的包，猜猜里面的物品

教师出示一个妈妈的包，请幼儿猜猜包里的物品。

教师请幼儿展示并说说包里和妈妈有关的物品。

3. 说说包里和宝宝有关的物品

教师层层递进的提问，让幼儿感受妈妈的关爱和照顾，也激发幼儿对妈妈浓浓的爱意。

师：除了妈妈的物品，妈妈包里还会有什么？我们来摸摸看。

预设：宝宝的衣服。（这是谁的衣服？小朋友穿的衣服为什么会在妈妈的包里？——现在天气很冷，妈妈怕你们回家的时候着凉，特意在包里放了件衣服，你们冷的时候可以给你们穿上。你瞧！妈妈多周到、多细心，整天把宝宝放在心上。）

宝宝的药瓶。（这是谁吃的药？包里为什么会有药？——因为小朋友生病了，妈妈特意把药交给老师，让老师中午给你们吃，妈妈希望宝宝的病赶快好起来，身体越来越健康。）

家园联系本。（这是什么本子？谁和谁联系的？写什么事？——妈妈包里放着家园联系本，可以随时和老师联系，知道你们在幼儿园的情况，妈妈真是太关心宝宝了！）

小结：妈妈包里的东西真多，有的是为自己准备的，但更多的是为我们小朋友准备的。

4. 翻看妈妈的包，相互表达爱

幼儿翻看妈妈的包，感受妈妈的关爱。

师：平时不能随便翻妈妈的包，今天妈妈同意了，大家想不想看看妈妈的包里有些什么？我们一起去看看吧！

幼儿情感大放送，通过短视频，表达对妈妈的爱。

（五）活动评价

本活动提取了生活中的素材，以幼儿感兴趣并熟悉的妈妈的包为载体，巧妙地利用妈妈包里的秘密，让幼儿了解更多的生活信息，并让幼儿从中感受妈妈对自己的关爱与照顾，以此激发幼儿对妈妈浓浓的爱意。活动中关注幼儿能否用完整的语句表达自己的想法和对妈妈的爱。

（六）活动延伸

开展“妈妈我爱你”的活动，鼓励幼儿经常主动跟妈妈说一句甜甜的话，给妈妈一个甜甜的吻，并帮妈妈做事，将爱妈妈的情感落到实处。

美工区投放操作材料让幼儿制作或绘画妈妈的手提包，娃娃家投放各种手提包让幼儿扮演妈妈时使用。

（七）参考资源

[爱尔兰]山姆·麦克布雷尼(文)，[英]安妮塔·婕朗(图). 猜猜我有多爱你. 梅子涵，译. 济南：明天出版社，2013.

[美]玛格丽特·怀兹·布朗(文)，[美]克雷门·赫德(图). 逃家小兔. 黄迺毓，译. 上海：少年儿童出版社，2005.

五、 主题单元幼儿表现评估

主题__________

班级__________　　幼儿姓名__________　　教师姓名__________

评价者__________　　日期__________

评估准则：完全掌握或做到 4 分；有时掌握或做到 3 分；初步掌握或偶尔做到 2 分；暂未掌握或做不到 1 分。

学习目标	具体表现	4	3	2	1
1. 建立初步的自我意识和自我控制能力，提高自信心。					
2. 初步了解高兴、愤怒、悲伤等基本情绪，并能在成人安抚、心理调节等手段下稳定情绪，逐渐增强情绪的稳定性。					
3. 能在成人及同伴鼓励下表达内心恐惧，有克服的意愿，并逐步提高克服困难的能力。					
4. 初步了解交朋友的重要性，并学习与同伴交往的方法，知道要用友好的方式对待同伴，体验交往的快乐。					
5. 知道家人为自己做的事情，体会家人对自己的爱，会用自己的方法表达爱。					

小班消防安全

一、 主题单元背景资料

《幼儿园教育指导纲要(试行)》指出："幼儿园必须把保护幼儿的生命和促进幼儿的健康放在工作的首位。"幼儿的安全是其发展的保障，让幼儿知道必要的安全保健常识，学会保护自己是幼儿园教育的重要内容之一。小班幼儿的生活经验少，消防安全意识差，对消防安全知识知之甚少，当发生意外灾害时，会因为害怕而不知所措。因此，开展消防安全系列活动，旨在帮助幼儿学习预防火灾发生的常识、认识消防标志和消防设施，掌握简单的自救、逃生方法。

本单元，我们将结合小班幼儿的年龄特点，借助朗朗上口的儿歌以及生动的视频资源，创设适宜的环境，与幼儿积极互动，让其轻松、愉快地获得知识，习得技能。

二、 主题单元目标

第一，认识简单的消防标志，初步了解火的用途和危害。

第二，知道遇到火灾时要及时拨打火警电话 119。

第三，掌握简单的火灾逃生办法，如要打湿衣物、捂住口鼻、贴墙前行。

第四，知道火灾发生时，要及时跟随大人逃离火场，不慌张。

第五，具有初步的消防安全意识及自我保护意识。

三、 主题单元环境创设

(一)墙饰创设

根据本主题的目标与内容，结合小班幼儿喜欢动手操作，并且直觉形象性思维强的年龄特点，墙饰创设注重体现操作性、直观性和互动性，在幼儿的视线范围内以及有利于幼儿动手操作的高度，创设卡通人物安安的“居家不玩火”和“安全标志”两大主题板块。

1. 居家不玩火

“居家不玩火”板块主要体现预防火灾发生的常识内容。将卡通人物安安在家庭中可能发生的危险场景粘贴在该板块中，并将正确防火常识贴于板块下方，请幼儿进行配对。

2. 安全标志

“安全标志”板块主要体现火灾发生时自救的内容。

(1)板块一。

此板块分别创设三种情境，即“火灾发生时(此时卡通人物安安号啕大哭)”“安安和小伙伴弯腰逃生时的情境”“逃生至安全场所的情境”。

板块下方留出粘贴“火警电话119”“安全出口”“灭火器”“紧急出口”等安全标志的地方，使幼儿将上述情境和与之对应的安全标志粘贴在情境下方。另外，将上述情境中所需的逃生物品的图片也粘贴在板块下方，供幼儿选择粘贴。

(2)板块二。

教师将火灾逃生过程中需要用到的安全标志贴于墙面，请幼儿帮助安安沿着教师设置好的逃生路线进行模拟逃生，若顺利到达安全场所，可以将幼儿的头像贴在“安全之星”的区域内。

建议：若墙面材料允许，尽量采用磁性板、磁性贴片；还可将幼儿作品展示于墙面，调动幼儿的主动性与积极性。

（二）区域活动

1. 娃娃家

提供与消防安全相关的玩具，如电话、毛巾、安全帽等，供幼儿在此区域中自主进行预防火灾、火灾逃生的游戏。

2. 角色扮演区

准备消防安全的小故事，供幼儿收听或收看；创设消防情境，提供消防员装备、电话等玩具材料，供幼儿表演；同时建议将娃娃家与角色扮演区的材料结合，为幼儿创设更为丰富的游戏环境。

3. 益智区

提供消防安全标志卡片，供幼儿进行“相同标识”对对碰的游戏；提供拼插材料，鼓励幼儿搭建消防车等与消防安全相关的东西。

4. 语言区

提供消防安全互动绘本、游戏图书若干，供幼儿阅读。

5. 美工区

提供画笔、涂色本，供幼儿通过涂色的形式了解消防安全情境。

（三）班级文化

1. 引发幼儿对生活中常见的消防安全的关注，初步建立自我保护意识

小班幼儿对家庭更为依赖，好奇心强，探索欲强，喜欢动手操作，但缺乏自我保护的意识。因此基于幼儿的生活，通过墙面互动游戏和区域活动，幼儿直观感知防火小常识和火灾逃生的方法，继而通过观看视频、听故事、即时互动、演习等方式，进一步感受、体验居家消防安全和幼儿园消防安全两部分内容，帮助幼儿正确了解火的用途和危害，以及火灾逃生的常识，初步建立自我保护意识。

2. 引发幼儿关注生活中的安全隐患，鼓励幼儿对身边发现的危险事情说“不”

火灾对于我们日常生活来说是突发事件，掌握防火常识对于每个人来说都是非常重要的。帮助小班幼儿了解并认识到防火的重要性，教导他们及时发现日常生活中的安全隐患，防患于未然，才能够避免火灾的发生，避免悲剧的发生。因此，以居家生活和幼儿园一日生活为抓手，通过游戏、谈话等形式，使

幼儿了解防火常识，能够尝试主动寻找和发现日常生活中的安全隐患，并对身边见到的危险事件说“不”，提升幼儿的安全意识。

四、 主题单元教育活动方案

小班活动 1：防火知识我知道

(一)活动背景

小班幼儿对于“火”了解甚少，一旦发生火灾，如果幼儿不知道如何保护自己，后果将不堪设想。因此，让幼儿认识火，知道在火灾事故中如何自救显得尤为重要。结合小班幼儿年龄特点，本活动的目的在于帮助幼儿正确认识生活中常见的火，知道在生活中不能随便玩火，提高幼儿的防火意识。

(二)活动目标

第一，初步认识火的用途和危害。

第二，通过关注周围环境中不安全的事物，掌握简单的防火知识。

第三，初步树立防火意识和自我保护意识。

(三)活动准备

第一，儿歌视频：《防火灾》；图片：生活用火的图片、用火不当的图片。

第二，幼儿见到过火，简单了解火在生活中的用途以及可能会造成的危害。

(四)活动过程

1. 初步了解火的用途和危害

(1)教师播放儿歌视频《防火灾》，引导幼儿了解火的用途(可以播放两遍)。

师：你听到了什么？儿歌叫什么名字？

结合儿歌第一句“亮亮火花，作用大大，危害也不小”，请幼儿想一想、谈一谈，在日常生活中哪里会用到火，火有哪些用途。

结合生活用火的图片，师幼总结火的用途。

师：那为什么儿歌又唱到火花“危害也不小”呢？火有哪些危害呢？

(2)再次播放儿歌视频，引导幼儿了解火的危害。

结合儿歌“烟头蜡烛、大小家电，火灾隐患大”讨论火的危害。

小结：我们只有在日常生活中牢牢记住防火小知识，才能够尽量避免火灾的发生，保护我们的家园。

2. 出示用火不当的图片，让幼儿了解如何预防火灾的发生

教师带领幼儿观察用火不当的图片，如玩火柴、玩蜡烛等，判断正误，使其萌发预防火灾的意识。

师：图片中小朋友的做法对吗？为什么？

教师出示火灾前后的对比图片，师幼讨论。

师：看到这张图片，你的心情怎样？想说些什么？

小结：在日常生活中，小朋友们不能玩火，也不要离火太近，要提醒家里人做完饭记得及时关火，用完蜡烛要及时吹灭，烟头要及时熄灭……不然发生火灾会危害到我们的生命，火灾后的场景非常可怕。

3. 回顾儿歌，了解火警电话和简单的火灾逃生方法

讨论：火灾发生时我们该怎么做？

回顾视频中火灾自救的内容，学习自救的方法。

“发生火灾不慌急，119要拨及时。”

“湿毛巾、湿毛巾，掩口鼻、掩口鼻，身体贴地走楼梯。”

“不玩火、不玩火，小心电、小心电，排除隐患爱家园。”

小结：在生活中，我们注意不靠近火、不摸电源线，也要提醒爸爸妈妈时刻注意用火安全，尽量避免火灾的发生。

（五）活动评价

本活动可以让幼儿回忆生活中用火的经历，使其能够尝试表达火带来的危害，进而初步学习拨打火警电话及逃生的方法。此外，本活动使幼儿的语言表达能力得到了提升，使其进一步加深了对火的正确认识，树立起了安全用火意识和自我保护意识。

(六)活动延伸

1. 区域活动延伸

语言区:投放小黄帽安全生活绘本《着火啦》及安全常识互动游戏类书籍,供幼儿自主阅读。

表演区:提供幼儿表演火灾自救的相关游戏材料,如毛巾等。

表演儿歌《防火灾》。

2. 家庭亲子活动延伸

与家庭成员一起回顾儿歌,提高防火意识。

(七)参考资源

稚子文化. 居家安全翻翻书. 北京:化学工业出版社,2019.

龙杰(文),老渡江工作室(图). 小黄帽安全生活绘本 9:着火啦. 北京:连环画出版社,2013.

保冬妮(文),陈波(图). “幸运的米拉”安全教育绘本:玩火很危险. 北京:北京师范大学出版社,2015.

郝莉. 小火苗要逃跑. 北京:中国人口出版社,2018.

小班活动 2:消防标志我认识

(一)活动背景

小班幼儿好奇心强,什么都想看一看、摸一摸、试一试,然而他们缺少生活经验和常识,对一些有可能会造成伤害的事件缺乏防范意识和应对能力。本活动旨在让幼儿了解一定的规则、认识简单的消防安全标志,帮助幼儿提升自我保护能力。

(二)活动目标

第一,初步认识“注意防火”“请勿吸烟”等消防标志。

第二,能跟随教师一起了解简单的消防标志的含义。

第三,愿意参与游戏,在游戏过程中初步树立安全防范意识。

(三)活动准备

“注意防火”“请勿吸烟”等消防标志。

（四）活动过程

1. 出示消防标志，活动导入

师：你见过这些消防标志吗？在什么地方见过，它们表示什么意义？

小结："注意防火"的标志一般安装在容易引发火灾的建筑或设备前，时刻提醒人们此地需要我们注意自己的行为，避免引起火灾；"请勿吸烟"的标志，一方面告诉人们吸烟会有害自己和他人的健康，另一方面也在提醒人们，在这里吸烟会引发火灾，所以需要格外注意。

2. 通过讨论与游戏，幼儿进一步了解消防标志

教师出示布袋，引导幼儿从中找出消防标志，并尝试介绍找出的标志。说一说没有消防标志的危害。

师：如果没有这些消防标志，我们应该怎么防范火灾呢？

小结：生活中，我们一定要多留意这些消防标志，这样才能及时避免火灾或其他意外的发生。在日常生活中，我们要时刻留意消防标志上的要求，也要提醒身边的人，防止火灾的发生。

3. 教师带领幼儿玩"我说你做"的游戏

玩法：教师描述情景，请幼儿找出与之对应的消防标志，并将其摆放在活动室适宜的位置。例如，有人在草地旁边吸烟时，请幼儿找"请勿吸烟"标志等；先由教师描述，之后可以请幼儿互相描述并找到对应标志。

（五）活动评价

本活动结合幼儿的已有经验，使幼儿能快速进入情境，学会通过观察图片认识并了解生活中常见消防标志的含义；使幼儿能够利用游戏互动，加深对消防安全标志的认识并了解应用场景，树立起火灾防范的安全意识。

（六）活动延伸

1. 区域活动延伸

语言区：投放安全小故事《着火了》，供幼儿阅读。

益智区：投放安全标志卡片，供幼儿游戏使用。

建构区：投放消防标志材料，供幼儿在搭建房屋时使用。

2. 家庭亲子活动延伸

在日常生活中与爸爸妈妈一起观察常见的消防标志。

(七)参考资源

江小渔(文),王丽娜(图). 着火了. 长春:吉林出版集团股份有限公司,2016.

金蟾. 学习消防安全知识. 南京:江苏凤凰美术出版社,2018.

陈晓艳. 儿童安全标志认知卡. 石家庄:花山文艺出版社,2008.

小班活动3:遇到火灾我不怕

(一)活动背景

《幼儿园教育指导纲要(试行)》明确指出:"幼儿园必须把保护幼儿的生命和促进幼儿的健康放在工作的首位。"让幼儿学会保护自己,是安全教育的重点。小班幼儿缺乏生活经验和自我保护能力,在日常生活中很容易发生意外事故。为此,本活动根据小班幼儿的年龄特点,通过模拟演练等方式,让其知道遇到火灾时不慌张,能跟随成人逃离火场等简单自救逃生的方法,提高其防火及自我保护意识。

(二)活动目标

第一,知道火灾会给人们造成很大的危害。

第二,知道在火灾发生时,要跟随成人逃生,做到不慌张。

第三,初步学习简单的逃生方法。

(三)活动准备

第一,火场逃生安全标志和毛巾若干;火灾逃生相关的视频、警报声的音频和PPT。

第二,幼儿知道火的危害,认识火场逃生安全标志。

(四)活动过程

1. 观看视频,引发幼儿对火灾逃生的关注

观看《大吉成长记》之《火灾怎么办》视频的前半部分。

师:桃源村的教室里发生了什么事情?着火了该怎么办呢?

小结：小朋友们都说得特别好，想到了很多逃生的方法。大吉和小七也有自己的逃生方法，你们想看看吗？

2. 观看视频，引导幼儿在对比中学习正确的逃生姿势

观看视频——大吉逃生片段，识别错误的逃生方法。

师：请你说一说大吉是怎样逃跑的。你们觉得大吉的方法合适吗？

小结：着火了不要怕，不要慌乱，不能像大吉那样，直接冲出去，很容易被烟熏晕，要用正确的方法逃离。

观看视频——小七逃生片段，学习正确的逃生方法。

师：小七带着大吉是怎么逃出去的？（用毛巾捂住口鼻，压低身体向外出逃。）

教师请幼儿模仿逃生姿势。

师：他们用什么姿势逃出去的？谁来学一学？（用湿毛巾捂住口鼻，弯腰低头，压低身体快速跑。）

3. 逃生演练

师：如果幼儿园着火了，我们怎么办？

模拟火灾现场，教师和幼儿进行逃生演练。

教师出示PPT，播放警报声，组织幼儿有序把毛巾浸湿并遮住口鼻，跟随教师根据消防标志的指示，弯腰低头，压低身体逃离火场。

（五）活动评价

本活动通过让幼儿观看视频、模拟逃生姿势、参加逃生演练等途径，使幼儿能够大胆表达，掌握简单的逃生方法并镇定地参与模拟演练，做到跟随教师逃离“火场”、不慌张。

（六）活动延伸

请家长与幼儿一起讨论在家中遇到火灾时的逃生方法，并进行演练。

（七）参考资源

王迎春．自救．吉林：吉林出版集团有限责任公司，2009.

楚源．幼儿园安全教育5. 天津：天津科学技术出版社，2017.

小班活动4：消防演习我体验

(一)活动背景

保护幼儿的安全与健康已成为幼儿园工作的头等大事，消防安全是重中之重。因此，对幼儿进行初步的消防安全知识教育和安全自救技能培养极为重要。当小班幼儿对火灾有了初步的认识，就需要帮助幼儿了解火灾逃生现场的基本知识，通过消防演习体验，加强幼儿防火意识以及在火灾发生时的自我保护意识和技能，避免幼儿受火灾之害。

(二)活动目标

第一，了解火灾逃生现场的基本知识。

第二，认识火警警铃，遇到火灾不慌张。

第三，树立防火意识和火灾中的自我保护意识。

(三)活动准备

第一，火灾发生的图片和视频、灭火器图片、湿毛巾、二氧化碳灭火器、干粉灭火器、火警警铃、空旷场地。

第二，幼儿对火灾及逃生方法有一定认识。

(四)活动过程

1. 导入部分，出示图片引发幼儿兴趣

(1)让幼儿观看图片，鼓励他们大胆表达自己的想法。

师：小朋友看这里发生了什么事?

师：你怎么知道这里发生了火灾?

(2)幼儿自由发表对火灾的看法，教师鼓励幼儿说完整话。

2. 基本部分，学校着火了怎么办

(1)讨论如果身边发生火灾怎么办。

师：如果有一天幼儿园发生火灾，我们怎么办?

(2)幼儿分成4组进行讨论，每组请2~3个幼儿回答问题。

(3)教师和幼儿一起总结怎样疏散逃离。

师：那我们要怎么逃走呢?逃到什么地方安全呢?

师幼一起总结避险方法：不要慌，不要推，也不要挤，听教师或者大人的指挥，走安全通道，逃到远离火灾的空旷的地方。

(4)播放视频。

师：幼儿园里着火了怎么办？着火时用什么方法逃走是安全的？开动脑筋转转转，快来看看谁对谁错。

(5)幼儿小结怎样逃走才是安全的。

师幼一起总结：火灾时不能钻到阁楼里、床底下。火势不大时，用湿毛巾捂住嘴巴和鼻子，压低身子，沿墙壁边缘快速逃生。若身上已着火可就地打滚使火熄灭。遇火灾不可乘坐电梯。

3. 活动结束，幼儿进行消防演习，学习正确的撤离动作

(1)带幼儿观察撤离路径的条件，让幼儿讨论怎样走才能快速到达安全地带。

师：撤离的时候如何在撤离的过程中保护自己？

幼儿讨论、寻找最有效的保护方法。

(2)组织幼儿“实战演习”，演习紧急撤离。

师：当听到铃声第一次响起时，快速去盥洗室拿湿毛巾，捂住口鼻。铃声第二次响起时，快速跟着老师，从安全通道逃离。

(3)保安介绍并演示灭火的方法。

保安叔叔：在着火时，可以根据着火物品的情况，选择使用这两种灭火器进行灭火。

师：今天我们学习了这么多自救知识，当火灾来时不用怕！我们可以多学习和演练自救的方法来保护自己。小朋友们，记得把我们今天学到的自救方法与家人、朋友分享。

（五）活动评价

本活动通过让幼儿观看图片、视频，并引导幼儿讨论，使幼儿了解关于火灾逃生的基本知识，使其在消防演习中认识火警警铃，知道遇到火灾不慌张，使其树立防火意识和火灾中的自我保护意识。

（六）活动延伸

1. 区域活动延伸

阅读区：提供相关书籍、图片，供幼儿阅读。

2. 家庭亲子活动延伸

请小朋友回家考考爸爸妈妈，看看他们知不知道我们今天在消防演习中学习到的火灾自救的方法。

（七）参考资源

孙丽影．学前儿童健康教育活动设计与指导．北京：机械工业出版社，2017.

五、 主题单元幼儿表现评估

主题__________

班级__________　　幼儿姓名__________　　教师姓名__________

评价者__________　　日期__________

评估准则：完全掌握或做到 4 分；有时掌握或做到 3 分；初步掌握或偶尔做到 2 分；暂未掌握或做不到 1 分。

学习目标	具体表现	4	3	2	1
1. 认识简单的消防标志，初步了解火的用途和危害。					
2. 知道遇到火灾时要及时拨打火警电话 119。					
3. 掌握简单的火灾逃生办法，如要打湿衣物、捂住口鼻、贴墙前行。					
4. 知道火灾发生时，要及时跟随大人逃离火场，不慌张。					
5. 具有初步的消防安全意识及自我保护意识。					

小班交通安全

一、主题单元背景资料

随着社会的发展，交通工具越来越多，幼儿接触交通工具的机会日益增多，交通安全教育也越来越重要。3~4 岁幼儿由于年龄较小，对周围的事物有较强的好奇心，对交通安全知识了解较少，自我保护的安全意识比较薄弱，经常出现踩马路上的窨井盖、过马路不看红绿灯，在电梯里打闹、随意按按钮等情况。因此，本主题单元紧贴幼儿的实际生活，通过游戏体验、绘本故事等幼儿易于接受的形式，引导幼儿学习过马路看红绿灯，外出紧跟大人、不踩窨井盖，乘坐公共汽车和电梯的安全注意事项等内容，初步树立交通安全意识。

二、主题单元目标

第一，了解过马路的安全注意事项，学会看红绿灯；知道“红灯停，绿灯行”，过马路要走斑马线。

第二，了解上下幼儿园路上存在的危险，知道要拉紧大人，不踩窨井盖。

第三，了解乘车安全常识和规则，知道乘车时要讲文明、守秩序。

第四，知道乘坐电梯的安全注意事项，具有初步的乘梯安全意识。

三、主题单元环境创设

（一）墙饰创设

小班的交通安全主题墙饰创设根据本主题的目标与内容，结合小班幼儿年龄特点，将班级环境分为三个板块：去幼儿园路上，我乘坐的交通工具，和爸爸妈妈乘电梯。

1. 去幼儿园路上

该板块创设去幼儿园路上的场景，包括红绿灯、马路、斑马线、行人过马路的场景。在操作盒内放入行人、红灯、绿灯图卡。教师展示小朋友来园路上的不同行为请幼儿判断，给判断正确的小朋友贴“小红花”或“大拇指”。

正确行为：如红灯亮时幼儿和家长停在斑马线一侧等待，绿灯亮时幼儿拉着家长的手一起过斑马线。

错误行为：如幼儿和家长过马路时闯红灯；绿灯亮时，幼儿独自一个人过马路。

2. 我乘坐的交通工具

将绘本故事《我也要搭车》中的主人公与乘车行为分别做成图片，由幼儿根据故事内容做出判断，给遵守乘车规则的小动物贴高兴的表情卡，给不遵守乘车规则的小动物贴生气的表情卡。

3. 和爸爸妈妈乘电梯

该板块展示幼儿和家长一起收集、整理的不同类型的电梯的图片。

张贴小朋友文明乘坐电梯和不文明乘坐电梯的图片，如在电梯内上下跳、靠着电梯门、电梯门正在打开或关闭过程中进去或出来等的图片，请幼儿判断对与错。

（二）区域活动

1. 阅读区

提供适合小班幼儿阅读的交通安全绘本、游戏图书、图片等。例如，教师提供与儿歌《红绿灯》配套的图片，请幼儿说一说；提供绘本《我也要搭车》，供幼儿阅读交流。

提供“我也要搭车”桌面游戏操作材料(废旧纸箱做的马路背景、模型小汽车、人物卡片若干)，幼儿自选材料，说一说绘本故事的主要内容。

提供幼儿和家长一起收集的不同类型的电梯的图片，制作成册，请幼儿说一说不同类型的电梯的名称、用途、安全乘坐方法。

2. 角色扮演区

创设马路场景，包括红绿灯、斑马线、交警服饰，小交警、玩具汽车(可容纳1~2个幼儿)，通过角色扮演游戏，进一步培养幼儿看信号灯过马路的安全意识和学习文明乘车的行为。

3. 建构区

提供各种类型的建构材料，供幼儿搭建马路、交通信号灯、斑马线等，在建构游戏的基础上玩交通警察、行人、司机等角色扮演游戏。

4. 美工区

提供有交通信号灯轮廓的图片，供幼儿给红绿灯涂色，或用彩色圆形纸粘贴制作红绿灯。

提供有多种电梯的轮廓的图片，供幼儿给电梯涂色。

5. 益智区

提供幼儿过马路、乘坐公共汽车、乘坐电梯时的各种图片，请幼儿根据图片内容判断对与错。

（三）班级文化

1. 引发幼儿对交通安全相关知识的兴趣，培养幼儿遵守交通规则的意识

小班幼儿好模仿，喜欢在情境中学习，因此结合幼儿的年龄特点，在班级环境中为幼儿营造贴近生活场景的氛围。例如，遵守交通规则，看红绿灯过马路，走斑马线；乘公共汽车、乘电梯拉紧大人，遵守秩序。让幼儿在轻松的游戏氛围中亲身体验，感受交通规则在生活中的运用，形成初步的交通安全意识。

2. 帮助幼儿积累交通安全经验，对周边的社会行为能够做出初步的判断

由于幼儿的年龄较小，对周围的事物有较强的好奇心，在生活中，幼儿和爸爸妈妈在往返幼儿园的路上，过马路时都会忍不住去走一走、看一看；坐电梯时试一试、摸一摸，这样很容易发生危险。因此在日常生活中，我们要帮助幼儿树立安全意识，了解基本的交通安全规则，引导幼儿对周边的社会行为做出初步的判断，知道哪些事情是不能做的，会存在什么危险，知道应该怎样做，树立幼儿自我保护的安全意识。

四、 主题单元教育活动方案

小班活动1：红绿灯眨眼睛

（一）活动背景

小班幼儿每天上下幼儿园途中，都会遇到有关交通安全的情境。因此，培养其具有初步遵守交通规则的能力十分重要。本活动以认识交通信号灯为切入点，通过游戏等方式，使幼儿掌握“红灯停、绿灯行”等简单的交通规则常识，强化其遵守交通规则的意识，提升其遵守交通规则的能力。

（二）活动目标

第一，认识红绿灯，知道红绿灯的用途。

第二，会根据红绿灯的提示安全过马路。

第三，具有初步的遵守交通规则意识。

（三）活动准备

第一，视频《过马路看红绿灯》。

第二，十字路口图片，小汽车图片。

第三，音乐《红绿灯》。

第四，交通信号灯的图片。

第五，活动前，请家长带幼儿观察红绿灯，并观察行人和司机的相关行为。

（四）活动过程

1. 播放视频《过马路看红绿灯》，师幼观看

师：我们一起来看视频，看看视频里发生了什么事呢？

观看结束后提问：小动物是怎样过马路的？小熊猫为什么没有过啊？

小结：过马路的时候，我们要先看“红绿灯”。

2. 回顾经验，理解“红绿灯”的用途和意义

教师出示交通信号灯的图片，让幼儿认识信号灯。

师：这是什么？你见过它吗？在哪里见过？为什么绿灯亮了我们才能通过？

小结：红绿灯是一种交通信号灯，是用来指挥交通的，过马路时我们要看“红绿灯”，“红灯停、绿灯行”，也就是说红灯亮了表示“停下来、不能走”，绿灯亮了表示“可以走、可以通过”。

教师请幼儿说说自己遵守交通信号灯的经历。

师：你是怎么过马路的？你看到人们和汽车是怎么过马路的？

3. 游戏“红绿灯眨眼睛”

教师介绍游戏玩法及规则。

玩法：地面上创设有信号灯的“十字路口”情境，教师出示“红绿灯”图片，指挥交通，当出示“红灯”图片时，幼儿要在斑马线外等待；当出示“绿灯”图片时，幼儿可以通过斑马线。多次游戏后，请幼儿持“红绿灯”图片指挥。

规则：违反交通规则的幼儿，会被提醒，并重新过马路；红灯亮时，“行人”一定要在斑马线外等待，不能踩斑马线。

（五）活动评价

本活动利用幼儿日常生活中过马路看红绿灯的出行经验，通过让幼儿看视频、看图片、玩游戏等多种方式，帮助他们直观感受和了解交通信号灯在我们生活中的重要作用，培养其过马路时观察红绿灯的习惯，知道红灯停、绿灯行，养成遵守交通规则的习惯。

（六）活动延伸

1. 一日生活、区域活动延伸

在墙面上创设“十字路口”情境，在盒子里放行人、红灯、绿灯图卡等。供幼儿进一步了解交通信号灯。

表演区：投放仿交警服饰等，供幼儿自主进行遵守交通规则的模仿表演。

阅读区：投放相关绘本等，供幼儿自主学习。

2. 家庭亲子活动延伸

请家长继续引导幼儿严格遵守交通规则，并在行走、坐车过程中观察交通信号灯和行人、车辆的通行情况。

3. 情感迁移，将自己学会的知识告诉爸爸妈妈

组织幼儿欣赏歌曲《红绿灯》，教师通过情感迁移让幼儿理解遵守交通规则的重要性。在爸爸、妈妈过马路时，幼儿要做小小监督员，提醒他们遵守交通规则，过马路时要做到红灯停、绿灯行。

小班活动2：去幼儿园路上

（一）活动背景

小班幼儿好奇心强，爱探索周围事物，在上下园途中，马路上的窨井盖、红绿灯、斑马线等都会吸引他们的注意力。幼儿的交通安全意识淡薄，踩踏窨井盖、随意奔跑、追逐打闹等危险的行为经常发生。此活动旨在引导幼儿掌握基本的安全知识，遵守交通规则，如不在马路上追赶、过马路走斑马线等，强化遵守交通规则的意识，进而萌发珍爱生命的意识。

（二）活动目标

第一，愿意遵守交通规则，萌发珍爱生命的意识。

第二，在马路上紧跟大人，不踩窨井盖，不随意奔跑。

第三，知道过马路要走斑马线，做文明小行人。

（三）活动准备

第一，马路信号灯图片、人行道图片等：小朋友牵着妈妈的手走在去幼儿园的路上，路上有红绿灯、斑马线，人行道上每隔一段距离有一个窨井盖。

第二，创设情境：家、去幼儿园路上、人行道、隔1.5米设一个窨井盖(可把纸箱剪成圆形或用彩圈替代)、马路上的红绿灯及斑马线。(情境可创设在操场等较宽敞的地方。)

第三，小朋友在上学路上的各种行为的图片、小红花。

第四，活动前，请家长在接送幼儿途中，引导幼儿观察并认识斑马线等事物。

（四）活动过程

1. 观察图片——认识窨井盖、斑马线等

教师出示图片，引导幼儿观察。

师：马路上的圆盖是什么？白色的线又是什么？

小结：马路上的圆盖是窨井盖，白色的线是人行横道，也叫斑马线。

2. 观看视频——了解马路上隐藏的危险

师：小朋友在去幼儿园的路上只顾自己玩耍，发生了什么事？

观看视频后，提问：踩在窨井盖上可能会怎样？过马路不走斑马线会怎样？小朋友们在去幼儿园的路上应该怎么做呢？

小结：在马路上要紧跟着大人，拉着大人的手，不随意乱跑、不追逐打闹、避开窨井盖，过马路要走斑马线，这样才更加安全。

3. 判断正误——判断马路上不同行为的正误，增强安全意识

教师出示小朋友在马路上的各种行为的图片，引导幼儿观察。

请幼儿给自己认为正确的行为贴上小红花。

请幼儿说说贴小红花的理由。

4. 情境游戏——模拟去幼儿园路上的安全行为

教师介绍游戏情境、玩法及规则。

玩法：教师扮演幼儿的妈妈，带着幼儿一起去幼儿园，路途中，幼儿紧紧跟着大人走，走到人行道时说“不跑闹、不玩耍，紧紧跟着大人走”；走到窨井盖时，说“窨井盖，不乱踩，见到它要绕着走”；走到斑马线时，说“红灯停，绿灯行，过马路走斑马线，不做危险的事”。

规则：出现追赶、踩窨井盖等行为，停止游戏一次。

教师和幼儿共同游戏。

游戏评价，活动结束。

（五）活动评价

观看视频，发现危险——本活动通过让幼儿观看视频，引发幼儿思考，观察幼儿是否了解去幼儿园路上潜藏的危险，进而引导幼儿发现安全隐患，知道有哪些危险的事情不能做，初步具有安全意识。

情境体验，加深认识——角色扮演，代入情境。幼儿亲身体验，边说边做。这一过程可了解幼儿能否认识到去幼儿园路上的安全行为，有利于幼儿将安全知识迁移到生活当中去，进而提高幼儿的安全意识。

（六）活动延伸

1. 一日生活、区域活动延伸

将“去幼儿园路上”的图片张贴在阅读区，供幼儿自主描述去幼儿园路上小朋友们应该怎样做。

将“去幼儿园路上”的情境创设在户外操场上，带幼儿在户外活动时玩“看红绿灯过马路”游戏，巩固交通安全知识。

2. 家庭亲子活动延伸

请幼儿将关于幼儿园路上的安全知识讲给家人听。

请家长在去幼儿园的路上向幼儿介绍各种看到的事物和场景，并与幼儿讨论可能存在的危险。例如，冬季屋檐上的冰凌、施工时暴露的电线等。

小班活动 3：我也要搭车

（一）活动背景

小班幼儿往往以自我为中心，缺乏自制力，对基本的社会规则不理解，不懂遵守。在乘坐各种交通工具时缺乏应有的安全意识，为此，特设计此活动，旨在帮助幼儿理解和接受乘车过程中的各种规则，丰富其乘车安全常识，增强交通规则意识，使其有良好的社会适应能力。

（二）活动目标

第一，了解搭乘汽车的规则，具有基本的乘车安全意识。

第二，知道在乘车时要讲文明、守秩序。

（三）活动准备

第一，PPT 课件“我也要搭车”。

第二，绘本《我也要搭车》。

第三，音乐《我是小司机》，与幼儿人数相同的自制玩具“方向盘”；画有小汽车的乘车文明宝宝徽章若干个。

第四，幼儿有过与父母一起乘坐公共汽车的经验。

（四）活动过程

1. 音乐律动《我是小司机》，导入活动

教师播放歌曲《我是小司机》，幼儿按歌曲指令做相应动作。

师幼讨论：你和爸爸妈妈一起乘坐过公共汽车吗？我们乘车时应该注意哪些安全问题呢？

2. 观看PPT课件"我也要搭车"，了解乘车的基本规则

师幼一起观看PPT课件，熟悉故事内容。

迁移经验，交流讨论。

师：小朋友，你坐过哪些交通工具？坐车、坐船、坐飞机时都要注意些什么？为什么？

小结：小朋友在乘坐交通工具时，要坐好扶稳，不要蹦蹦跳跳，不在车上打闹，不把胳膊和头伸出车窗外，保持车内干净、整洁，做一个遵守乘车规则的好孩子。

3. 玩"宝宝坐汽车"游戏，强化乘车规则

教师交代游戏玩法与规则。

玩法：在活动室内用椅子搭成"公交车"，教师扮演司机，幼儿扮演乘客。"司机"提醒"乘客"注意乘车安全，并观察"乘客"的乘车行为。

规则：游戏中文明乘车的"乘客"，如不将手和头伸出窗外，不打闹、不乱丢垃圾等，将获得"乘车文明宝宝"徽章。否则，停止游戏一次。

教师和幼儿共同游戏。

游戏评价，活动结束。

（五）活动评价

情境感受——本活动通过音乐律动《我是小司机》使幼儿进入乘车的愉快情绪中，在游戏中让幼儿初步感受乘车的规则，在潜移默化中渗透文明乘车规则，为之后表达自己的意见和想法做铺垫。

绘本渗透——本活动通过让幼儿观看PPT课件，引发幼儿思考，进而使幼儿全面了解乘车安全规则，以及不遵守安全规则的危险后果，使幼儿懂得在乘车时要讲文明、守秩序，知道哪些危险的事情不能做，初步具有乘车安全意识。

游戏巩固——本活动通过游戏的方式丰富幼儿的亲身体验，让幼儿在玩中学，自我建构乘车安全规则经验。

（六）活动延伸

1. 一日生活、区域活动延伸

角色扮演区：创设“热闹的马路”场景，如红绿灯、斑马线、窨井盖、小汽车道具、小交警服饰等，引导幼儿模仿乘客乘车时的行为。

益智区：投放“我是小小文明乘车员”的桌面操作游戏材料。（背景图片为汽车，幼儿将正确的乘车图卡放在相应的位置上。）

美工区：投放纸张、彩笔、超轻黏土，供幼儿通过涂色、粘贴、超轻黏土制作等方式表现出各类汽车。

2. 家庭亲子活动延伸

请家长带幼儿在乘车时观察乘客的行为，引导幼儿遵守乘车规则，家长要以身作则，言传身教，同时帮助幼儿了解不遵守乘车规则带来的危险，从而养成文明乘车习惯。

家长带幼儿一起阅读绘本《我也要搭车》，引导幼儿讨论故事情节；幼儿熟悉故事后，家长也可以陪幼儿玩角色扮演游戏，鼓励幼儿分别扮演乘车的小动物、狮子爷爷等，在角色游戏中再次巩固乘车安全知识。

（七）参考资源

[韩] Hemingway 社．我也要搭车．郑毅，译．上海：少年儿童出版社，2008.

登亚．交通安全我知道．北京：北京出版社，2014.

小班活动 4：和爸爸妈妈乘电梯

（一）活动背景

电梯在人们的生活中越来越普及，使用频率也越来越高，进商场要乘坐电梯、进地铁站要乘坐电梯、小朋友住高层上下楼也要乘坐电梯……幼儿生命安全保障与其日常生活环境密切相关。近些年，电梯事故时有发生，电梯安全也成为人们关注的话题。对小班幼儿来说，电梯更像一个电动玩具，是个好玩又好用的东西。那么如何以幼儿能够接受的方式，让他们了解乘坐电梯的规则，防范电梯安全事故？本次教学活动让幼儿知道该怎样乘坐电梯，要遵守哪些安全规则。

（二）活动目标

第一，不独自乘坐电梯。

第二，不在电梯内玩耍打闹，不随意按电梯按钮。

第三，具有初步的乘坐电梯的安全意识。

（三）活动准备

商场的图片，商场里观光电梯的图片，小朋友没有在大人的陪同下独自进入电梯的图片，小朋友在电梯内蹦蹦跳跳、按电梯按钮、用手扒门的图片，音乐，安全乘坐电梯的视频。

（四）活动过程

1. 出示商场图片，导入活动

师：今天妈妈带乐乐和咪咪到商场来玩，她们看到了一个漂亮的玻璃房子，咦，那是什么呀？（观光电梯。）

2. 出示观光电梯图片，请幼儿说说乘坐观光电梯的经历

师：小朋友，你乘坐过观光电梯吗？乘坐时是什么感觉？（观光电梯是有一面或几面是透明玻璃的电梯，乘客在乘坐电梯时，可以观看轿厢外的景物。观光电梯可以带人们很快到达高处。）

3. 观看视频，了解乘坐电梯的注意事项

教师带领幼儿观看视频前半部分，让幼儿知道要和大人一起乘坐电梯。

师：乘电梯的时候，乐乐和咪咪是自己乘坐的吗？是怎么乘坐的？妈妈给乐乐和咪咪说了什么？

小结：小朋友在乘坐电梯时，一定要跟紧大人，不能自己乘坐电梯。

讨论：为什么乘坐电梯要跟着爸爸妈妈呢？

小结：因为乘坐电梯时要遵守一些规则，爸爸妈妈会告诉我们在电梯里哪些事情不能做。还因为电梯有时候是会发生故障的，有大人在，小朋友就不会害怕了。

教师带领幼儿观看视频后半部分，让幼儿知道不在电梯里玩耍打闹。

观看视频，整体感知。

教师分别出示小朋友在电梯内蹦蹦跳跳、按电梯按钮、用手扒门、玩皮球的图片，请幼儿进行正误判断。

师：乐乐和咪咪在电梯里做了什么事情？妈妈是怎么说的？

讨论：请小朋友说说要怎样乘坐电梯，遵守哪些规则。

小结：小朋友乘坐电梯时要安静、耐心地等待，不能随意按电梯里的按钮，也不能玩耍、蹦跳。如果随便按按钮，或跳来跳去，会让电梯发生故障，比如电梯不动了，门打不开了。如果扒门，电梯会夹住小朋友的手。所以，小朋友们一定要注意安全，遵守乘坐电梯的规则。

4. 师幼一起演唱《叮，电梯到了》

教师播放歌曲《叮，电梯到了》，结束活动。

（五）活动评价

本活动利用幼儿日常生活中经常遇到的乘坐电梯的情境，通过让幼儿观看动画的直观方式，使其感受电梯为人们生活带来的便捷，同时也使其了解乘坐电梯的安全规则，具有初步的乘坐电梯的安全意识，包括不独自乘坐电梯，不在电梯内玩耍打闹，不随意按电梯按钮等。

（六）活动延伸

请家长拍下孩子乘坐电梯时的照片，供班级教师用于环境创设。

在音乐区播放歌曲《叮，电梯到了》，幼儿可以边听音乐边和同伴一起表演乘坐电梯的情景。

（七）参考资源

1. 扶手电梯，安全儿歌

不把扶梯当滑梯

商场里，地铁里，
乘坐扶梯要注意，
靠右站稳手扶好，
不把扶梯当滑梯。

2. 厢式电梯，安全儿歌

乘电梯

高楼里，乘电梯，
我和妈妈一起进，
不乱按，不蹦跳，
停稳开门再出去。

五、 主题单元幼儿表现评估

主题__________

班级__________　　幼儿姓名__________　　教师姓名__________

评价者__________　　日期__________

评估准则：完全掌握或做到 4 分；有时掌握或做到 3 分；初步掌握或偶尔做到 2 分；暂未掌握或做不到 1 分。

学习目标	具体表现	4	3	2	1
1. 了解过马路的安全注意事项，学会看红绿灯；知道“红灯停，绿灯行”，过马路要走斑马线。					
2. 了解上下幼儿园路上存在的危险，知道要拉紧大人，不踩窨井盖。					
3. 了解乘车安全常识和规则，知道乘车时要讲文明、守秩序。					
4. 知道乘坐电梯的安全注意事项，具有初步的乘梯安全意识。					

小班社会安全

一、 主题单元背景资料

幼儿园社会安全主要有拐卖、走失、暴力伤害事件和群体性事件等。3~4 岁幼儿主要以直观形象思维为主，天性活泼、好动，有强烈的好奇心，对外界的事物充满了好奇。但他们的能力和体力十分有限，动作的灵敏性和协调性较差，缺乏生活经验，在面对安全问题时常存在对危险因素的认知比较直接和表面、自我保护的策略简单等问题。本主题单元，我们将选取“我不认识你，我不跟你走”“人多的地方我不去”“走丢了怎么办?”“保护人身安全”这四个主题内容开展活动。在教学方法上，我们将采用以直接经验为基础，结合日常生活活动、教学活动和区域活动等进行安全教育。教学形式以游戏为主，在音乐游戏、情境体验、户外游戏、故事表演等多种活动中，帮助幼儿了解社会中的安全隐患有哪些，使其掌握一些自我保护的策略，避免危险的发生，提高幼儿安全的自我保护意识。

二、 主题单元目标

第一，初步感知不认识的人是陌生人。

第二，初步了解跟陌生人走会有哪些危险，知道不跟陌生人走，不要陌生人的东西。

第三，知道走失后，不害怕、不哭闹，要站在原地等候家人。

第四，遇到危害人身安全事件时，知道要用躲藏的方法保护自己。

第五，初步感知人多拥挤时容易发生危险，知道人多时人与人要保持一定的距离。

三、 主题单元环境创设

（一）墙饰创设

1. 主题墙饰

（1）我不认识你，我不跟你走。

板块1“我不认识的人”：基于小班幼儿的认知水平，教师设计两个房子，分别贴上笑脸和哭脸，并用透明的塑封膜将房子进行塑封，粘贴在主题墙上供幼儿反复操作。教师将幼儿熟悉的人的照片和陌生人的照片混在一起，在区域活动中，幼儿可将熟悉的人的照片放进贴有笑脸的房子，将陌生人的照片放进贴有哭脸的房子。教师帮助幼儿在主动观察、辨别、分类中初步感知什么是陌生人。

板块2“危险！我不跟你走”：在“谁的玩具宝宝不见了”等活动中，教师将幼儿讨论“跟陌生人走会有哪些危险”等问题的结果以图文的形式呈现；将亲子收集的“跟陌生人走会发生哪些危险”的资料图片及开展的相关活动照片进行呈现，供幼儿自主讲述。

板块3“我是防拐小能手”：呈现幼儿“面对陌生人的诱拐，应该怎么做”主题绘画及相关活动的照片；除此之外，还可以展现“在爸爸妈妈来接时，要得到老师的同意才能离园”“在家中得到父母同意后才能跟其他人外出”“不跟陌生人走，不要陌生人的物品”“不向陌生人透露家庭的重要信息”等内容的图片。

（2）人多的地方我不去。

板块1“人多时的危险”：将开展的体验游戏“拥挤的荷叶”的活动中人多拥挤的照片呈现在环境创设中，让幼儿更直观地了解人多时会发生的危险情况；结合幼儿生活，还可以将人多时的图片张贴到墙饰中，帮助幼儿了解人多时会发生的危险情况，加深幼儿对危险事物的认识，进而增强幼儿的辨别能力和自我保护的意识。

板块2“我应该这样做”：在“拥挤的荷叶”的活动后，设计幼儿喜爱的卡通形象的图片，如小蚂蚁一个接一个排队等；或在墙饰中呈现排队时小朋友之间有一定距离的场景的照片，引导幼儿主动观察怎么样正确排队；还可以将正确的做法用幼儿能理解的绘画形式记录下来，进行展示。

(3)走丢了怎么办?

板块1“大手牵小手”：选择大手和小手为墙饰背景，围绕“什么时候需要牵着爸爸妈妈的手”的问题，根据幼儿回答以图文形式进行呈现。

板块2“走丢了怎么办”：在墙饰中将警察、医生、消防员的人物图片和相应的紧急求助电话号码等进行呈现，让幼儿在认一认、找一找的板块中，知道走丢后在原地等待家长，如果看见穿制服的人，也可以向他们寻求帮助。

(4)保护人身安全

板块1“遇到这些人要远离”：教师准备图片进行展示，供幼儿辨认，提示幼儿要远离坏人。

板块2“坏人来了怎么办?”：将与幼儿讨论“坏人来了怎么办?”的问题结果以图文形式呈现，并提示幼儿在躲避时应注意安全，以免发生危险。

2. 生活区墙饰

板块1“大手牵小手”：外出时都要牵着大人的手，紧跟大人。

板块2“什么时候要排队”：洗手时、如厕时、取放玩具时、购票时等。

板块3“我会排队”：一个接一个排队。(可以提供幼儿喜欢的小脚丫、小动物形象等标记，贴在需要排队的地方，引导幼儿一个接一个地排队等候。)

(二)区域活动

1. 美工区

提供蜡笔、纸盘、彩带、皱纹纸、胶泥等材料，供幼儿装饰亲人的照片和全家福。

提供各种与活动有关的动物简笔画让幼儿进行涂色活动，完成的涂色作品可以制作成头饰投放在表演区让幼儿进行表演。

2. 语言区

提供《汤姆走丢了》《富兰克林迷路了》《我不会走丢》《我不跟你走》《小兔乖乖》《白雪公主》《小红帽》等与防拐骗、防走丢、防暴徒有关的绘本故事，供幼儿阅读。

3. 表演区

提供《皮皮猴找妈妈》中的人物角色头饰，供幼儿进行角色表演，让幼儿知道与父母走丢时不哭闹、安静在原地等父母来找自己的情景。

提供不同的动物头饰；准备幼儿喜欢的玩具、食品等，设置不同的场景，如商场、游乐园、公交车、餐厅等，师幼和幼幼扮演不同角色进行情境模拟，在情境模拟中让幼儿知道不能跟陌生人走。

提供坏人卡通图片，可以在室内、室外玩“坏人来了我会躲”的游戏，让幼儿进行游戏性的演习活动。

提供《小青蛙》音乐，玩“拥挤的荷叶”的游戏，让幼儿知道不去人多的地方，与人群保持一定的距离。

提供警察、医生、消防员仿制服饰，供幼儿扮演。

4. 娃娃家

提供全家福照片、玩具电话等，照片能让幼儿分辨熟悉的人和陌生人，打电话游戏能引导幼儿记住父母的电话号码、110 报警电话等简单的信息。

（三）班级文化

在班级这个大家庭中，安全是幼儿成长的基础，也是促进幼儿健康、快乐、自主、富有个性的发展的基本。因此，我们可以将安全作为班级文化建设中的一部分，在一日生活中开展各种安全主题活动对幼儿实施安全教育，以此来培养和提高幼儿的安全意识。同时，结合小班幼儿的年龄特点，将安全教育内容融入游戏中，采用小班幼儿喜爱的卡通形象，多采用趣味性、游戏性的活动形式，让幼儿喜欢参与活动，并愿意表达，从而形成积极主动的班级氛围。让教室的环境和材料会说话，让有限的教室空间成为无限的教育资源，将教育效果辐射开去，影响幼儿在幼儿园、家庭甚至社会生活的每一个角落。运用家园合作，邀请家长共同讨论教育活动，共同参与到安全教育的活动中，给家长分享一些游戏、儿歌、故事、情境表演等适宜的方法和策略，在分享中丰富家长的教育指导方法。

四、 主题单元教育活动方案

小班活动 1：长耳朵被谁带走了

（一）活动背景

小班幼儿对父母的依赖性强，缺乏生活经验，自我保护意识和能力弱，辨别是非的能力较弱，当遇到陌生人时，容易受其语言或食物的诱惑，从而被拐骗。为了避免幼儿被拐骗，提高幼儿的自我保护意识，对陌生人有防备心，本活动借助音乐游戏“找朋友”，让幼儿初步了解什么是陌生人，随后运用木偶剧，了解三只小兔子面对大灰狼时的反应以及对话，让幼儿知道不能跟陌生人走，不接受陌生人给的食物，离开时需得到父母、老师的同意，使幼儿掌握基本的自我保护常识。

（二）活动目标

第一，初步感知不认识的人是陌生人。

第二，知道跟陌生人走可能会有的危险。

第三，知道不跟陌生人走，不吃陌生人的食物，不要陌生人的东西，具有初步的自我保护意识。

（三）活动准备

第一，木偶：兔妈妈，大灰狼，三只小兔子(红眼睛、短尾巴、长耳朵)；道具：草地、小房子、大树。

第二，幼儿理解不认识的人是陌生人，玩过“找朋友”游戏。

（四）活动过程

1. 播放兔妈妈的哭声，导入主题

师：兔妈妈为什么哭呢？我们一起来看看发生了什么事情。

2. 观看木偶表演“长耳朵被谁带走了”，知道不能跟陌生人走

师：长耳朵为什么不见了？

师：小兔子认识大灰狼吗？

小结：因为小兔子跟着不认识的大灰狼走了，妈妈找不到他，所以兔妈妈伤心地哭了。

师：如果你是长耳朵，不认识的大灰狼给你好吃的让你跟他走，你会怎么做？

小结：不认识的人给的食物不能要，也不能跟他走，否则就见不到家人了。

师：(教师用木偶表演故事)大灰狼对红眼睛说帮助他找兔妈妈的时候，红眼睛是怎么说的？

师：不认识的大灰狼说自己是兔妈妈的朋友时，短尾巴是怎么说的？

小结：我们要像红眼睛、短尾巴一样，坚决不能跟不认识的人走，不接受不认识的人给的玩具。

木偶剧：长耳朵被谁带走了？

兔妈妈有三个孩子，一个是红眼睛，一个是短尾巴，一个是长耳朵。兔妈妈到森林里去采蘑菇了，只剩下三只小兔子在草地上玩耍。大灰狼悄悄走到红眼睛的身边，拿着玩具对他说："兔妈妈采了好多蘑菇拎不动了，你和我去帮助她吧！"红眼睛仔细地看了看大灰狼对他说："我不认识你，我不跟你走。"大灰狼又走到短尾巴身边对他说："我是你妈妈的朋友，快跟我走，我给你好玩的玩具！"短尾巴摇了摇头对大灰狼说："我不认识你，我不跟你走。"两只小兔子都没有上大灰狼的当，这下可急坏大灰狼了，于是他拿出口袋里的棒棒糖走到长耳朵旁边对他说："长耳朵，这是兔妈妈买给你的棒棒糖，你跟我走，我带你去找兔妈妈。"长耳朵听到是妈妈买给自己的棒棒糖，开心极了，就跟着大灰狼走了。回到家的兔妈妈发现长耳朵不见了，着急地哭了起来，赶紧给大象警察打电话求救，这才把长耳朵救了回来。回到家的长耳朵知道自己上了大灰狼的当，对妈妈说："我再也不吃陌生人给的食物，不跟陌生人走了。"

（五）活动评价

本活动以幼儿喜欢且熟悉的小动物形象为木偶剧表演的载体，将不跟陌生人走、不吃陌生人给的食物等安全知识贯穿在角色对话和情境表演当中，直观形象地让幼儿理解跟陌生人走的危险性。活动设计符合小班幼儿的认知特点。

（六）活动延伸

1. 选择性拓展活动

教师可根据本班幼儿发展水平及兴趣，自主选择以下活动。

游戏一：找朋友(经验准备)。

游戏目的：初步感知不认识的人是陌生人。

游戏准备：《找朋友》音乐、其他班级的教师、家长(扮演陌生人)。

游戏玩法：第一部分，听到音乐边拍手边跟音乐做动作，当音乐结束以后，找到一个自己认为是好朋友的同伴手牵手并拥抱在一起，游戏可重复多次，幼儿可以找不同的同伴；第二部分，加入幼儿不认识的家长与其他班级的教师等，游戏重复进行。

指导要点：第一部分，每一次游戏后教师重复提问，你找到的好朋友是谁？——原来每天和我们生活在一起的人，比如老师、小朋友、爸爸妈妈都是我们熟悉的人；第二部分，每一次游戏后重复提问，为什么你们不找这些叔叔阿姨当朋友？——这些都是我们不认识的人，他们是陌生人。帮助幼儿理解不认识的人是陌生人。

游戏二：小雨点。

游戏目的：进一步分辨熟悉的人和陌生人；学会听指令，掌握一个跟一个跑、四散跑的方法与技巧。

游戏准备：幼儿带的熟悉的人的照片、教师准备的陌生人的照片，让幼儿将照片四散放在操场上。

游戏玩法：教师发出"下雨了！小雨点儿们快跑起来吧！"的口令，幼儿随教师口令四散跑。当听到"下小雨了"时，幼儿慢跑，听到"下大雨了"时，幼儿快跑，当听到"下毛毛雨"时，幼儿停下。当听到"刮风了"时，教师以手势指示风向，幼儿按指示风向跑，大风快跑，微风慢跑。当听到"雨停了"时，幼儿快速找到熟悉的人的照片站好。游戏反复进行。

游戏规则：听信号和看指示做相应动作；在指定范围内活动，不得故意碰撞他人；听到"雨停了"的口令时，要迅速找到熟悉的人的照片站好。如果找错，教师向幼儿提问："你认识他吗？""你能说出他的名字吗？"直至幼儿找到熟悉的人。

2. 一日生活、区域活动延伸

表演区：将小兔子、大灰狼的头饰，相应的服装、活动材料投放在表演区，供幼儿自主选择角色进行表演。

语言区：提供《我不跟你走》《白雪公主》《小红帽》《小兔乖乖》绘本故事，供幼儿自主翻阅。

美工区：将木偶剧"长耳朵被谁带走了？"中的各种角色打印成简笔画，供幼儿自主选择涂色或装饰，巩固幼儿对角色和故事的认识。

3. 家庭亲子活动延伸

(1)请家长对幼儿进行防拐骗教育。

当今社会上拐骗儿童的情况时有发生，尤其是小班幼儿刚进入幼儿园，自我保护能力和安全意识都很弱。要改变家长以往的反面式的说教，如“不能……不要……”，这样说教不易于幼儿理解，他们也不知道该怎么做。应改变家长对幼儿防拐骗知识的教育方法，引导家长将安全教育融入幼儿日常生活中，设计幼儿喜欢的防拐教育活动；提供情境表演、讲故事、念儿歌、玩游戏、模拟演习等，对幼儿进行安全教育；提供生动、具体的方法供家长参考，让幼儿对陌生人有一定的认知并对他们惯用的骗人伎俩有一定的防范经验。

(2)模拟演习。

家长可借助身边的资源，再根据以下情境，在真实的模拟演习中提升幼儿自我保护意识。

情境1：谁要吃糖？我这里有好多好吃的糖，可甜啦！你跟我走我就给你糖吃。

情境2：谁想要机器人？叔叔车里装了好多机器人想送给小朋友，哪位小朋友想要？我带他和我一起去拿机器人。

情境3：我认识你妈妈，今天你妈妈没空来接你，让我把你接回家。

情境4：小朋友，你外婆去买你喜欢吃的鸡翅去了，让我接你回家，她在家里等你。

情境5：小朋友，你妈妈在×××上班，对不对？晚上妈妈要加班，她让我把你接到单位。

（七）参考资源

[德]达柯玛尔·盖斯勒．我不跟你走．康萍萍，译．北京：新世界出版社，2011.

陈长海．小兔乖乖．北京：中国人口出版社，2016.

许建辉．小红帽．石家庄：河北美术出版社，2015.

小班活动 2：拥挤的荷叶

(一)活动背景

小班幼儿年龄较小，有较强的好奇心，对潜在的危险没有任何警觉和自我保护的意识。人越多的地方就越吸引他们的注意力，但人越多的地方隐藏的危险性就越大，不仅会拥挤，而且可能会出现踩踏事件和病毒传播。为了避免此类危险的发生，我们特设计此活动，让幼儿在游戏中不仅体验因人多带来的不便，而且知道尽量避免到人多的地方去玩耍，从而提高幼儿的自我保护的能力。

(二)活动目标

第一，知道人多的地方如果引导不当有发生踩踏事故的风险。

第二，知道不去人多的地方。

第三，遇到人多时，会调整自己的行为，与人群保持一定的距离。

(三)活动准备

第一，青蛙手偶一个；泡沫地盘十二块(四块拼成一个正方形“荷叶”，共拼成三个“荷叶”，创设池塘场景)；歌曲《小青蛙》；可拍照的手机一部；笑脸贴纸、哭脸贴纸每人一张。

第二，幼儿熟悉歌曲《小青蛙》；知道小青蛙生活在池塘里，喜欢跳在荷叶上休息；能熟练做出小青蛙跳跃的动作；有听音乐指令玩游戏的经验。

(四)活动过程

1. 出示青蛙手偶，引起幼儿兴趣

师：小青蛙们，我是你们的妈妈，今天天气真好！我们一起到池塘里去玩耍吧！

2. 玩“拥挤的荷叶”的游戏

教师给幼儿介绍游戏的玩法与规则。

玩法：幼儿扮演小青蛙，教师扮演青蛙妈妈，小青蛙随音乐做出跳跃的动作。当音乐停止时，小青蛙要跳到任意一片“荷叶”上，等着妈妈来拍照。

规则：音乐停止后，必须跳在“荷叶”上，脚不能离开“荷叶”。

教师带领幼儿进行游戏，当小青蛙们都跳到荷叶上后，配班教师和青蛙妈

妈给小青蛙们拍照。（将游戏过程中幼儿推挤或摔倒的画面用手机拍摄下来。）

3. 观看游戏照片或视频，感知人多的地方很容易发生踩踏等危险

师：我们一起来看看照片或视频，小青蛙们跳在荷叶上时发生了什么事情？

教师请幼儿观看照片或视频，请“当事人”介绍当时的情况，并说出自己的感受。

师：你为什么摔倒了？

讨论：我们怎么样才能不拥挤，都能站在荷叶上？

小结：当看到荷叶上人多时，我们可以站在人少的荷叶上，这样就不会发生危险了。

4. 再次游戏，观察幼儿的行为

教师与幼儿再次游戏，配班教师拍照。

教师出示照片，“当事人”评价自己或同伴的行为。

教师评价：你们在游戏时都能不推不挤、选择跳到人少的荷叶上，是注意安全的小青蛙。

5. 经验迁移，说说生活中人多的场所

师：在生活中，你去过人多的地方吗？以后怎么做呢？

小结：在生活中我们也要像小青蛙一样，不去人多的地方，遇到人多时要与人群保持一定的距离。

（五）活动评价

本活动采用体验和游戏的教学形式激发幼儿参与活动的兴趣，在两次体验后的感受交流中，帮助幼儿真正理解和掌握人多的地方容易发生危险，应保持一定距离的安全知识。

（六）活动延伸

1. 选择性拓展活动

教师可根据本班幼儿发展水平及兴趣，自主选择以下活动。

游戏：小白兔拔萝卜。

游戏目的：能听口令做相应动作，提高幼儿反应能力；初步分辨呼啦圈中人数的多少，能选择圈中人数少的完成游戏。

游戏准备：大小不同的呼啦圈各三个；大灰狼头饰一个。

游戏玩法：老师扮演兔妈妈，幼儿扮演小兔子，配班老师扮演大灰狼；兔妈妈带着她的小兔子们到菜地里拔萝卜，小兔子们一边跳一边念："小白兔，白又白；两只耳朵竖起来；爱吃萝卜，爱吃菜；蹦蹦跳跳真可爱！竖起耳朵听一听。"当听到兔妈妈说"大灰狼来啦"时，小兔子们就要赶快跑到呼啦圈(家)里，被挤出来的小兔子就会被大灰狼抓住。游戏反复进行。

游戏规则：当听到"大灰狼来啦"时，小兔子们就要赶快跑进呼啦圈(家)里。

指导要点：引导幼儿选择人少的呼啦圈站进去，并学会与他人保持一定的距离。

2. 一日生活、区域活动延伸

一日生活：在盥洗活动时，教师用语言及图示提醒幼儿洗手或如厕时选择人少的地方，排队时保持距离，耐心等候。

美工区：教师可为幼儿打印小青蛙、荷叶的简笔画，供幼儿自主进行涂色，并帮助他们将其制作成头饰投放于表演区。

表演区：幼儿可以自主选择戴上小青蛙或者青蛙妈妈的头饰，播放歌曲进行"小青蛙"的角色游戏。

积木区：幼儿可以运用积木搭建池塘，并将玩具小鱼、小青蛙放到搭建的鱼塘中进行游戏。

3. 家庭亲子活动延伸

利用家长宣传栏、微信等方式，让家长尽量少带幼儿去人多的地方，遇到人多时，及时提醒幼儿与人群保持一定的距离。

结合生活中的实际情况，告知幼儿去密闭、人多的地方比较容易发生病毒传染，建议家长找相关的图片和视频给幼儿观看。

小班活动 3：谁的玩具宝宝不见了

(一)活动背景

3~4 岁的幼儿对周围事物充满好奇、急于探索，成人对其看护相比以前又有所降低，所以这个年龄段的幼儿相对容易发生走丢事件。

如何提高幼儿防走丢、防走失的安全意识，让幼儿知道不能擅自离开大人，要在大人视线范围内活动，如走失时，能用正确的方式自救，能表达自己的需要和想法。为此，本活动注重游戏体验，让幼儿感知走丢时家长和宝宝着急的心情和走丢的危险，从而让幼儿掌握一些基本的自我保护能力。

（二）活动目标

第一，愿意参与活动，尝试表达活动中的感受。

第二，知道外出时不能擅自离开大人，要在大人的视线范围内活动。

第三，知道走失后，不害怕、不哭闹，要站在原地等候家人。

（三）活动准备

第一，幼儿自带的玩具一个、音乐《一起去郊游》、哭脸和笑脸心情卡。

第二，活动前，请家长为幼儿讲述孩子走丢的新闻报道。

（四）活动过程

1. 角色游戏："带着玩具宝宝去郊游"

教师出示幼儿自带的玩具，激发幼儿扮演爸爸妈妈的愿望。

师：今天你们带来了自己最喜欢的玩具宝宝，我们来当玩具宝宝的爸爸或者妈妈，带宝宝一起玩耍吧。

教师播放《一起去郊游》的音乐，幼儿带着玩具宝宝在规定范围内进行户外游戏。

幼儿游戏，教师巡回观察：观察幼儿是如何带着玩具宝宝进行游戏的，哪些幼儿在游戏时自己玩耍，将玩具宝宝遗忘；哪些幼儿在游戏时始终带着玩具宝宝。游戏中，教师拍照记录。

结束游戏，幼儿随音乐回活动室，配班教师对未被带走的玩具宝宝进行拍照。

2. 角色体验：谁的宝宝不见了

利用心情卡，表达心情——当宝宝不见时爸爸妈妈的心情。

师：宝宝不见了，你的心情怎么样？（幼儿自由表达自己的想法，不愿意口头表达的幼儿可用举心情牌的方式代替。）

利用心情卡，猜测心情——玩具宝宝一个人在外面，找不到家长的心情。

教师展示照片，引导幼儿观察。

师：玩具宝宝一个人在外面，找不到爸爸妈妈，它的心情怎么样？（幼儿自由猜测，不愿意口头表达的幼儿可用举心情牌的方式代替。)

讨论：走丢的玩具宝宝为什么会不高兴呢？

小结：当玩具宝宝走丢了时，爸爸妈妈很着急，也很伤心。玩具宝宝一个人找不到爸爸妈妈会很害怕，玩具宝宝肯定很想自己的爸爸妈妈。

3. 经验迁移：了解预防走失的方法以及走失后的处理方式

教师利用照片，让幼儿了解外出时要紧跟大人，不到处乱跑。

师：在外面玩时，玩具宝宝怎么样才不会走丢呢？

教师出示游戏中始终带着玩具宝宝的幼儿的照片：你们看看这个妈妈和宝宝是怎样做的？我们小朋友也很喜欢外出游玩，我们怎样做才不会走丢呢？

小结：外出时，我们要紧跟着大人，不能擅自离开大人，要在大人的视线范围内活动，这样就不会走丢。不然，就会和刚才走丢的玩具宝宝一样不开心、很害怕，找不到爸爸妈妈。

教师迂回操作，让幼儿感知如果走丢了，可以站在原地等待。

师：我们的宝宝都等不及了，我们赶紧去把宝宝找回来吧！(带领幼儿到户外寻找丢失的玩具宝宝。)

回活动室后，师幼讨论：你们都找到自己的玩具宝宝了吗？我们为什么能这么快就找到了玩具宝宝？

小结：玩具宝宝不哭、不闹，没到处乱跑，在原地等爸爸妈妈，所以爸爸妈妈很快就找到了玩具宝宝。小朋友们如果走丢了，不要哭，不要闹，也不要不到处乱跑，可以在原地等待爸爸妈妈来找我们。

(五)活动评价

本活动主要采用了角色扮演的方式，让幼儿亲身体验到心爱的玩具宝宝走丢时的心情。紧接着运用情感迁移，让幼儿内化和掌握简单的自救方法。这种通过亲身体验和感受的活动更易于小班幼儿理解，进而使其提高自我保护意识。

(六)活动延伸

1. 选择性拓展活动

教师可根据本班幼儿发展水平及兴趣，自主选择以下活动。

(1)拓展游戏。

游戏一：打电话(问答游戏)。

游戏目的：能说出自己和家长的名字、电话号码和家庭地址等简单信息。

游戏材料：用纸杯制作成的纸杯电话。

游戏玩法：将歌曲《打电话》进行改编，教师或父母与幼儿一起唱改编的《打电话》歌曲。当歌曲结束后，教师或父母提问父母的姓名是什么或家庭地址在哪里等简单信息，幼儿来回答。幼儿答对后，获得一个小贴纸作为奖励，交换角色继续进行游戏。如果答错，教师或父母可进行纠正，但幼儿不能获得小贴纸。当幼儿熟悉父母姓名和家庭地址后可以提升游戏难度，引导幼儿记住父母的电话号码。小贴纸多的一方获胜。

游戏规则：唱完改编的歌曲以后才能进行问答，答对问题后才能交换角色继续进行游戏。

附改编儿歌：

打电话

两个小娃娃呀，正在打电话呀。

喂喂喂，我来问问你。

哎哎哎，我来回答你。

问：你家住哪里呀？

答：我家住×××。

游戏二：谁来蹲。

游戏目的：知道特殊号码的作用；能辨识特殊电话号码和各种制服。

游戏材料：110、120、119电话号码；消防、医生、警察仿制服装和标志性物品，如玩具灭火器、玩具听诊器等。

游戏玩法一：每次3~5个小朋友一起围成圆圈玩游戏，幼儿任选制服穿戴在身上，听口令做半蹲动作进行游戏。例如，教师发出“警察蹲”的指令，穿仿警察制服的幼儿立即半蹲，边半蹲边说：“警察蹲，警察蹲，警察蹲完医生蹲”，听到口令后，穿仿医生制服的幼儿立即边蹲边说出其他口令。如果说错或蹲错，此幼儿结束游戏，以此类推，看谁反应快，最后剩下的就是获胜幼儿。

游戏玩法二：当幼儿熟悉游戏玩法一后，教师可将口令变换为特殊电话号码进行游戏。例如，幼儿选择电话号码后，第一名游戏者发出指令“110蹲，110蹲，110蹲完119蹲”，选择119电话号码的幼儿立即边蹲边说出其他电话号码的指令。

游戏玩法三：当幼儿熟悉了游戏玩法二后，可变换口令为警车、救护车、消防车等的声音，以增加游戏趣味性，提高幼儿辨识特殊车辆和它们的声音的能力。

游戏规则：要在听到口令后才能做动作，说口令时要边说口令边做半蹲动作。

(2)拓展阅读(图书、故事、儿歌)。

语言区：投放绘本《富兰克林迷路了》《汤姆迷路了》，供幼儿自主阅读和讲述，增强幼儿的安全意识。

2. 一日生活延伸

在户外活动时，幼儿要养成听到音乐后回到教师身边的习惯，不到处乱跑，不离开教师的视线范围。

3. 家庭亲子活动延伸

利用生活中的教育契机对幼儿进行教育，引导幼儿在不同的情况下灵活应对走丢的事情，如在公园人多的地方，可以原地等候家长；在商场里，可以找售货员、穿制服的人帮忙；在马路上，可以找交警等。

与幼儿共同制定“大手牵小手”的记录表。当家长带幼儿外出时，幼儿能做到有意识地紧跟大人、牵大人的手、在大人的视线范围内活动，可自己奖励贴一张小贴纸在表格中，进一步增强自我保护的意识。

“大手牵小手”记录表

记录人：

日期	
月　日	

续表

月　日	
……	……

（七）参考资源

[法]克斯多夫·勒·马斯尼(文)，[法]玛丽-阿利娜·巴文(图). 汤姆走丢了. 梅莉，译. 郑州：海燕出版社，2015.

[加]波莱特·布尔乔亚(文)，[加]布伦达·克拉克(图). 富兰克林迷路了. 白鸥，译. 南宁：接力出版社，2010.

[德]达柯玛尔·盖斯勒. 我不会走丢. 康萍萍，译. 北京：新星出版社，2020.

小班活动 4：会躲避的小羊

（一）活动背景

近几年，校园恶性伤人事件偶有发生。幼儿年龄小，缺乏自我保护能力，遇到坏人时经常不知所措。本活动旨在让幼儿知道遇到坏人或紧急情况时，要学会躲藏、保护自己，提高防范暴力伤害的自救能力。

（二）活动目标

第一，知道生活中有坏人，有一定的警惕性。

第二，遇到坏人时，知道要用躲藏的方法保护自己。

第三，躲避时能藏好，不哭闹，不发出声音。

（三）活动准备

第一，坏人头饰、幼儿园操场中可以躲避的地方(滑梯、小房子、大树等)。

第二，幼儿熟悉“小羊小羊真爱玩”游戏的玩法与规则，熟悉幼儿园户外的场地，有四散跑和玩躲避游戏的经验。

(四)活动过程

1. 玩“小羊小羊真爱玩”游戏，导入主题

教师与幼儿边做动作边进入活动场地，引导幼儿寻找操场上可以躲藏的地方。教师与幼儿共同游戏。

玩法：教师扮演小羊妈妈，幼儿扮演小羊。羊妈妈带领小羊念“小羊，小羊真爱玩；摸摸这，摸摸那”，当听羊妈妈念到“摸到×××躲起来”时，小羊们就按指令跑到×××躲藏起来；当听到“妈妈回来了”的口令时，就快速跑回羊妈妈身边。

规则：在游戏中露出身体部位或发声的均为犯规，犯规者停止游戏一次。

2. 初步辨识坏人，知道遇到坏人，要用躲藏的方法保护自己

师：在生活中，我们身边有可能会出现一些坏人，我们来看看他们是什么样的？你能一眼看出他们是坏人吗？(教师出示图片，幼儿辨认。)

讨论：如果遇到坏人应该怎么办？

小结：当我们遇到坏人的时候，如果爸爸妈妈不在身边，要保护自己，可以快速跑开，藏起来，不被坏人发现。

3. 利用活动现场，讨论躲避的方法

师：如果现在有坏人来了，我们可以躲在哪里？怎样躲才不会被坏人发现呢？

幼儿根据现场，寻找可以躲避的地方。教师请幼儿演示躲的方法。

小结：躲避时，要避免选择有水、有电的地方，以免发生危险；还要把全身都藏好；不哭不闹，不发出声音……

4. 玩“会躲避的小羊”游戏，巩固躲避坏人的方法

教师介绍玩法及规则。

玩法：羊妈妈带领小羊念“跑跑跑、走走走，大口大口吃青草，睁大眼睛看一看”，羊妈妈出示坏人图片，小羊就快速地跑到可以躲藏的地方躲起来。当听到“坏人被赶走了”的口令时，小羊就快速跑回羊妈妈身边。

规则：小羊看到出示坏人的图片躲起来，听到“坏人被赶走了”的指令，才能回到羊妈妈身边；躲藏时不发出声音，身体不外露；如发出声音，或没有藏好的幼儿在指定的区域停玩游戏一次。

教师与幼儿共同游戏。

5. 结束活动

师：今后，小朋友也要学习小羊，在遇到坏人时，要找一个安全的地方藏起来，不被坏人发现，也不能发出声音让坏人听见。

（五）活动评价

本活动以幼儿喜欢的躲避游戏为载体，在反复游戏中，使幼儿逐步获得了识别坏人的经验，自然而然地习得了躲避的方法。小结环节引导幼儿将游戏中的经验迁移到生活中，从而使其提高自我保护意识。

（六）活动延伸

1. 选择性拓展活动

教师可根据本班幼儿发展水平及兴趣，自主选择以下活动。

游戏一：鲨鱼与小鱼。

游戏目的：养成听信号行动的习惯，发展听信号快速行动的能力；知道在教室内如何躲藏，躲藏时要躲好，不发出声音。

游戏玩法：教师扮鲨鱼，幼儿扮小鱼，教师在教室内场地边上睡觉，幼儿坐在场地中的小方凳上，音乐响起，幼儿离开凳子在周围自由地活动，提脚后跟踮起脚尖走、小跑，或者蹲下来做吃东西状。音乐停止，教师摇响铃鼓说“鲨鱼睡醒了”，幼儿听到信号赶紧找一个隐蔽的地方躲起来，一动不动，不让教师发现。教师进入教室内场地中到处走动，如发现有没躲好的幼儿，该幼儿停玩一次游戏。当教师离开后，游戏重复进行。

游戏规则：音乐停止，教师摇铃鼓，幼儿才能进行躲藏；在场地上做各种动作时，不能故意挤、踢和踩他人。

游戏二：拍手游戏。

游戏目的：会念儿歌《拍手歌》，知道坏人来了要躲藏。

游戏玩法：幼儿两两结伴面对面站好，边念儿歌边拍手，念每一句的前两个字时，自己两手互拍一次，当念到第三个字的时候，双方两手相互拍手一次，用此拍手方法，念完整首儿歌。

附改编儿歌：

拍手歌

你拍一，我拍一，坏人来了要躲避；
你拍二，我拍二，快快跑开躲避好；
你拍三，我拍三，什么物品都别带；
你拍四，我拍四，不哭不闹别出声；
你拍五，我拍五，坏人走了快报警。

2. 一日生活、区域活动延伸

与幼儿一起寻找室内适合躲藏的地方，将适合躲藏的地方贴上小贴纸。

在表演区投放小羊头饰、坏人图片等，供幼儿自主体验坏人来了进行躲藏的游戏；在娃娃家提供玩具电话、手机，供幼儿自主模拟拨打110向警察求助的情景。

3. 家庭亲子活动延伸

请家长帮助幼儿掌握不同生活场景中躲避坏人的方法。例如，利用家里、小区、公园等地方，运用游戏的方式，引导幼儿知道如果遇到坏人时，可以具体躲藏在什么地方，如何躲避。请家长用拍照的方式记录下来，并分享幼儿躲避的照片。

（七）参考资源

崔蕊霞(文)，付晟蓉(图). 坏人脸上没标志. 北京：应急管理出版社，2000.

谢茹(文)，于洋(图). 对付坏人有办法. 北京：北京日报出版社，2020.

五、 主题单元幼儿表现评估

主题__________

班级__________ 幼儿姓名__________ 教师姓名__________

评价者__________ 日期__________

评估准则：完全掌握或做到4分；有时掌握或做到3分；初步掌握或偶尔做到2分；暂未掌握或做不到1分。

学习目标	具体表现	4	3	2	1
1. 初步感知不认识的人是陌生人。					
2. 初步了解跟陌生人走会有哪些危险，知道不跟陌生人走，不要陌生人的东西。					
3. 知道走失后，不害怕、不哭闹，要站在原地等候家人。					
4. 遇到危害人身安全事件时，知道要用躲藏的方法保护自己。					
5. 初步感知人多拥挤时容易发生危险，知道人多时人与人要保持一定的距离。					

小班居家安全

一、 主题单元背景资料

小班幼儿好奇心强，而且好玩好动。但一方面他们的身体协调性和动作灵敏性较差，体能有限；另一方面由于生活经验不足，无法预见行为的后果，常常置身于危险之中却不自知，缺乏及时警觉、自我保护的能力。幼儿容易在家里发生意外伤害，时常听闻关于幼童误食药物、异物，食物中毒，被家用电器、门窗伤害以及摔烫伤等种种令人痛心的事件。因此，从小班入园起，我们就应对幼儿进行长期不间断、循序渐进的安全意识及自护能力的培养，其重要性是不言而喻的。

在本主题单元中，我们将围绕小班幼儿居家生活中的几个相关安全知识点，从正面引导入手，通过让幼儿“听听”故事、“玩玩”游戏和动手“做做”等多种体验，在与环境、区域和同伴互动中，初步了解居家生活中基本的安全小常识，学会辨识周围事物中的安全隐患，建立初步的安全自护意识。

二、 主题单元目标

第一，初步了解居家生活中的安全常识，如安全如厕、不在厨房玩耍以及和宠物友好相处等。

第二，尝试找一找家庭中的安全隐患，懂得正确防护，远离危险。

第三，在家中发生意外伤害时，懂得及时地呼救和寻求帮助。

第四，学习一些简单自救和护理的办法。

第五，积累居家生活的安全经验，增强自我保护的意识。

三、 主题单元环境创设

（一）墙饰创设

根据本主题的目标与内容，立足小班幼儿的思维特点及安全预判能力，遵循直观性、条理性、互动性的原则，在幼儿视线和有利于动手操作的范围内，借助“安全小宝贝——天天”（本单元内简称“天天”）的可爱卡通形象，创设“我是安全小宝贝”的中心大主题板块，并产生三个分支板块。

1. 我会拉㞎㞎

教师将幼儿如厕的分步流程图（脱裤子→拉㞎㞎→擦屁股→穿裤子→冲一冲→洗洗手）用海绵地垫衬底，制作成单个小图板，按顺序陈列在此板块中，并在流程图的下方增加天天的温馨提示小图标：地面湿滑慢慢走，坐好马桶手扶稳，便便拉在便池中。

教师引导幼儿随箭头方向进行指认，能正确说出步骤并按此操作的幼儿则可获得天天奖励的大拇指贴一个，粘贴在自己照片旁边。

2. 哭娃娃和笑娃娃

此板块划分为两个区域：一区域中是眯眯笑的天天；另一区域中是哇哇哭的天天。里面陈列多名幼儿在家中不同地方、不同活动状态下的各种场景小图板。例如，在沙发上看电视、在阳台上拍球、拿着小手枪冲进厨房、手指流血了、和妈妈一起看图书、在湿地板上滑倒、站在椅子上去拔插头、抱着娃娃玩、画画等。

注：待选区中的小图板可定期更新，保证每次待选小图板数量为六块左右。幼儿通过看一看、选一选、说一说为什么，来辨识安全行为和危险行为。

3. 我爱的宠物宝宝

此板块可以让幼儿将自己最喜爱的宠物照片带来陈列其中，可以是和家长一起喂养小动物，给小动物洗澡，带小动物看医生、遛弯等的照片。教师引导幼儿看一看、说一说和宠物宝宝玩的故事。

建议：从适宜性和安全角度考虑，小班居家安全主题墙饰及操作材料以磁性板、磁性贴片图片或粘胶制品为主。

(二)区域活动

1. 娃娃家

提供各种动物毛绒玩具，浴具、餐具、医生玩具等，供幼儿在此区域中玩照顾动物宝宝的游戏。

2. 益智区

提供贴有动物图片的方盒并在动物嘴巴处挖开小洞、动物喜爱的食物玩具及小碗小勺，供幼儿玩动物喂食的游戏。

提供简易版小动物拼图(2~3 块拼图组成)，供幼儿玩拼图游戏。

提供各种居家生活中日常用品的图片，供幼儿通过观察，找出尖锐的物品。

提供尖锐物品和其相对应安全保护套的图片，供幼儿玩配对游戏“我给尖尖物品找个家”。

3. 语言区和表演区

提供适合小班幼儿居家安全绘本、游戏图书若干，供幼儿阅读。

提供多名幼儿在不同场景下的居家活动图片，供幼儿看一看、说一说：谁是“安全宝贝”，谁是“危险宝贝”。

提供头饰、手偶等，供幼儿表演。

(三)班级文化

1. 引发幼儿对居家生活中安全常识的关注和兴趣，逐步增强其安全自护意识

小班幼儿好奇心强，好玩好动，爱问“为什么”……这一切，搭建起了他们认识世界的桥梁。但在他们大量“好奇”的探究行为中，也隐藏着极大的不安全因素。我们要充分利用幼儿好奇的天性，将幼儿的关注点吸引到行为背后的结果上来。一是通过直观画面的展示、与“哭娃娃”“笑娃娃”共情的体验，唤起幼儿对居家生活中曾经有过的不安全行为带来身体伤害和不良情绪的记忆，进一步强化幼儿对“安全”行为和“危险”行为的认知。二是通过开展围绕主题的相关活动，使幼儿在感受体验、操作表达的过程中更进一步提升对日常居家活动中安全常识的关注，初步建立安全自护意识，并使其健康、语言、社会、科学等各方面能力得到发展。

2. 引导幼儿寻找和发现居家生活中的安全隐患，具备基本的应对危险的技能

小班幼儿处于家长和教师的呵护之下，独立面对突发事件基本不属于幼儿生活常态，害怕幼儿因为年龄小受伤害，部分家长采取过度保护的教养方式，是不利于幼儿形成自己应对危险能力的原因之一。因此，在关爱幼儿的同时，抓住一日生活的各个有效环节进行随机教育，以游戏性的方式和情境性的语言，带领幼儿有意识地寻找和发现自己身边、周围事物中的安全隐患，模拟应对突发事件的游戏和行为，从而在潜移默化中，提升幼儿的安全意识和自我保护的能力。

四、 主题单元教育活动方案

小班活动 1：我要拉臣臣

（一）活动背景

幼儿期是习惯养成的关键时期，如厕活动是一日生活的重要组成部分之一，从小班开始培养幼儿良好的如厕习惯，是幼儿身体健康的需要。幼儿园安全事故的不完全统计和调查发现，如厕时发生的意外事故屡见不鲜，而事发的主要原因是幼儿没有养成独立如厕的习惯，也缺乏如厕时的自我保护意识和技能。为此，特设计此活动。

（二）活动目标

第一，了解如厕的基本过程和方法，养成良好的如厕习惯。

第二，知道不能憋尿(便)、不能在卫生间嬉戏，了解这些行为可能带来的后果。

第三，遇到如厕困难或发生危险时，懂得及时呼救，寻求帮助。

（三）活动准备

第一，PPT 课件“我要拉臣臣”。

第二，幼儿在洗手间里正确行为与危险行为的图片若干。

(四)活动过程

1. 请幼儿观看课件“我要拉屁屁”，回顾如厕过程

师：三只可爱的动物宝宝河马、小猪和小老鼠正在玩游戏，玩着玩着，突然，它们都飞快地朝一个地方跑过去，哎呀，发生什么事了？它们这是去哪儿？咱们去看看吧！

教师带领幼儿观看 PPT 课件第一部分。

师：小动物们朝哪儿跑去？它们要去干什么？

小结：想拉屁屁的时候肚子会感觉不舒服，要赶紧去卫生间。

教师带领幼儿观看 PPT 课件第二部分，根据线索唤起相关经验，熟悉如厕过程。

师：可爱的小动物是怎么拉屁屁的？

小结：拉屁屁的时候要先脱掉裤子坐上马桶、拉屁屁、擦屁股、穿裤子、冲一冲和洗手。

2.“这样有危险！”——请幼儿感知如厕过程中的安全隐患

师：天天今天带来了他的朋友们的照片，其中有些小朋友在卫生间里拉屁屁的时候做了危险的事情，咱们来帮他找一找，快快提醒小朋友们注意安全吧！

教师逐幅出示幼儿在卫生间里的图片：

歪坐在马桶上、手上举着玩具飞机、快要摔倒的小朋友的图片；

坐在马桶上、扶着扶手拉屁屁的小朋友的图片；

滑倒在有水的地面上的小朋友的图片；

捂着肚子、皱着眉、憋得脸通红的小朋友的图片；

小朋友和妈妈一起用拖把拖卫生间地面上的水的图片。

请幼儿指出图片中哪些行为是危险的，哪些是正确的。

小结：原来，卫生间里可以拉屁屁，但也藏着很多危险，小朋友们一定要时刻把安全记在心里。

3. 请幼儿想一想，说一说，发生危险怎么办

请幼儿根据前面出示的图片，说一说在卫生间要注意哪些安全事项。

想一想，当发生危险时，有哪些求救的方法呢？

小结：小朋友在卫生间一定要慢慢走，扶好扶手，不能在卫生间嬉戏。当发生危险如摔倒时，要立刻大声呼救，并及时请大人帮助处理伤处。

（五）活动评价

轻松代入——本活动通过一个有趣的动物拉屉屉的故事，很快激起幼儿愉快的情绪反应，使幼儿在不知不觉中将故事中的行为与自己已有的生活经验联系起来，并且有助于培养幼儿轻松愉悦的如厕情绪。

有效引导——本活动通过听一听、说一说、做一做、找一找，在无意注意和有意注意有机结合之下，引导幼儿一步步加深印象，从而形成安全、正确的如厕意识和习惯。

（六）活动延伸

1. 一日生活、区域活动延伸

（1）在卫生间墙面上的醒目位置，贴上安全标识的图片，提醒幼儿如厕时关注。

（2）阅读区提供相关绘本，如《我要拉屉屉》《拉屉屉》《宝宝如厕训练大画书》等，使幼儿在与书本互动中获得进一步的经验积累。

（3）学习儿歌。

安全如厕小儿歌

卫生间里要小心，地面湿滑慢慢行；
脱下裤子扶安稳，再把屉屉拉干净；
擦净屁股提裤子，冲完马桶洗小手；
不憋尿来不憋便，我的肚子真舒服。

2. 家庭亲子活动延伸

利用家园联系栏、微信群或 QQ 群，引导家长和幼儿一起学习《安全如厕小儿歌》。

提醒家长在家中重点关注和鼓励幼儿练习正确的如厕行为。

（七）参考资源

[日]佐佐木洋子．我要拉屉屉．南昌：二十一世纪出版社出版，2009.
严欢．宝宝如厕训练大画书．北京：中国大地出版社出版，2018.

小班活动 2：妈妈做饭我不闹

（一）活动背景

家庭生活中，厨房是必不可少的重要组成部分。厨房里可以烹饪的炊具，以及多种形状、功能不一的餐具……对于年龄幼小且充满好奇心的小班幼儿来说，充满了吸引力。为避免厨房意外伤害的发生，提高小班幼儿的安全意识，我们设计了本活动。本活动旨在通过简明形象的小故事、具体鲜明的图片以及良好的师生互动，让幼儿真实感受厨房用途的同时，消除安全隐患，从而有效提高幼儿的安全意识。

（二）活动目标

第一，了解厨房是大人炒菜、做饭和烧水的地方，不能在厨房玩耍。

第二，知道厨房里可能会发生火灾，以及烫伤、砸伤和被尖锐物品弄伤等事件，懂得保护自己。

第三，知道发生危险时的救护方法，能记住火警等求救电话号码。

（三）活动准备

第一，提供厨房整体的图片；厨房内不同区域，如餐具摆放区、备菜区、烹饪区等的图片；使用每个区域功能的图片，如妈妈正在烹饪区将炒好的菜盛出锅的图片；发生火灾，以及烫伤、砸伤和被尖锐物品弄伤等危险状况的图片，如锅里起火，妈妈脸上出现惊吓的表情，举起锅盖灭火的图片。

第二，两组对照图片：一组是妈妈在炒菜、烧水与该场景下小朋友被烫伤的图片；另一组是妈妈使用刀具切菜与该场景下小朋友被锋利刀具所伤的图片。

第三，提供危险标记贴纸和小星奖励贴纸若干。

第四，火警电话图片和急救电话图片。

第五，视频《厨房安全，小朋友必须知道的厨房安全知识》；歌曲《厨房里面很危险》。

第六，初步了解并能简单表达出厨房物品的安全注意事项。

（四）活动过程

1. 听一听，想一想，彬彬为什么哭了

教师讲述故事《彬彬为什么哭了》。

师：小朋友们，故事里彬彬为什么哭呀？那么，彬彬为什么会受伤，妈妈在做饭的时候，我们能不能随便进厨房，厨房里到底藏着什么秘密呢？今天，老师就请我们的小朋友一起去厨房看一看吧！

2. 看一看，说一说，厨房物品我知道

教师请幼儿观察厨房整体图片，说一说厨房里有些什么，厨房是用来做什么的。

小结：厨房里有煤气灶、锅、水壶、切菜刀等物品；厨房可以用来做饭、炒菜和烧水。

3. 比一比，想一想，厨房里边藏危险

教师出示第一组图片（妈妈在炒菜、烧水与该场景下小朋友被烫伤的图片），请幼儿说一说危险是怎么发生的？

小结：小朋友们，妈妈炒菜和烧水的时候啊，煤气点燃的火苗会把锅和水壶烧得热热的，这样才能把菜炒熟，把水烧开，但是如果小朋友不小心碰到煤气灶上的锅或水壶，就会像彬彬一样被烫伤，太危险了！

教师出示第二组图片（妈妈使用刀具切菜与该场景下小朋友被锋利刀具所伤的图片），说一说如何避免危险发生。

小结：小朋友们，刀具很锋利，可以把食物切小、切碎，但是如果我们使用的时候不小心，就会切到手指或刺伤皮肤，导致流血受伤。

4. 找一找，贴一贴，快把危险标出来

教师出示厨房整体图片，引导幼儿说一说哪些物品可能会给我们带来什么样的危险。

教师请幼儿分别用危险标记贴纸将图中藏着危险的地方标出来，标记正确的给予小星贴纸作为奖励。

5. 唱一唱，要记牢，厨房里面不乱进

教师请幼儿欣赏视频资料《厨房安全，小朋友必须知道的厨房安全知识》，歌曲《厨房里面很危险》。

幼儿自由跟唱，随音乐律动。

小结：厨房小、危险多，小朋友们不能随便进。妈妈在做饭的时候，我们要乖乖地待在厨房外面的客厅或别的房间玩耍，不吵也不闹，做个安全小宝贝！

（五）活动评价

通过直观的厨房的图片，唤起幼儿对厨房物品认知的已有经验；通过安全行为与危险行为的进一步对照，一步步掀开如何避免危险发生的面纱，将其直观地呈现在幼儿面前，从而使幼儿形成深刻的印象。

在幼儿对厨房危险形成一定感性认知的情况下，借助说一说、找一找、贴一贴等活动，使幼儿在主动参与和操作过程中，获得了更深一层的正向体验。

最后通过歌曲和律动的方式，不仅可以让幼儿在音乐中得到放松，而且再一次强化了本活动的中心主旨——“小朋友不能随意进厨房”的安全规则。

（六）活动延伸

1. 本活动相关活动延伸

通过听故事、看图书等方式，让幼儿了解当厨房发生危险时或有家人受伤时，要懂得及时呼救。

帮助幼儿学会拨打紧急求助电话 119 和 120，记牢电话号码。

2. 一日生活、区域活动延伸

在阅读区投放和厨房安全相关的图书，巩固相关的安全知识。

3. 家庭亲子活动延伸

建议家长在家中也要给幼儿加强安全教育，以增强幼儿的安全意识和规则意识。

及时发现并消除厨房设施中的安全隐患。

带领家人和幼儿一起观看安全救生视频，进行亲子安全演练游戏，如“火灾逃生”演练，模拟拨打紧急求助电话等。

（七）参考资源

张春荣．幼儿居家安全．西安：西安电子科技大学出版社，2017.

崔钟雷．安全知识快乐读．长春：吉林美术出版社，2011.

小班活动 3：尖尖的东西要小心

（一）活动背景

日常生活中各种各样的尖锐物品随处可见，如剪刀、水果刀、钉子等，它们中的大多数是我们生活中的小帮手、小工具，但是对于喜欢新奇事物而又缺乏生活经验、安全意识薄弱的小班幼儿来说，往往成为“危险的诱惑”。特别是有的幼儿，还会将捡到的钉子、小发卡或小石子当作“玩具”塞进自己的口袋里，不知不觉中埋下了极大的安全隐患。为避免这类事件的发生，帮助幼儿正确树立安全防范和自我保护意识，特设计本活动。

（二）活动目标

第一，认识尖锐物品，了解它们的用途和特点。

第二，知道正确使用和保管尖锐物品是保护自己和他人的办法。

第三，懂得受伤后要冷静、及时地寻求帮助。

（三）活动准备

第一，手上贴着创可贴的小熊娃娃一只。

第二，实物：剪刀、水果刀、铅笔等尖锐物品。

第三，PPT 课件。

课件一：几种日常生活用品的图片，其中含有剪刀、水果刀、缝衣针、铅笔等尖锐物品，供幼儿辨认找出图片中的尖锐物品。

课件二：正确使用、保管尖锐物品与不正确使用造成危险的对照图片三组。（第一组：两个挥着小树枝在打闹的小男孩和正在专心剪纸的小女孩；第二组：捡到钉子要放进口袋的小男孩和用安全保护套将水果刀装好的小男孩；第三组：把铅笔尖对着小朋友的小女孩和用铅笔写字的小男孩）。

课件三：连连看游戏“我来给你找个家”，画面无序排列包括剪刀、水果刀、铅笔等尖锐物品和与之相对应的安全保护套，让幼儿帮尖锐物品选择相应的安全保护套进行连线，连线正确则响起欢快的上行音阶或清脆的铃声，连错则没有声音或响起下行音阶。

第四，幼儿能简单说出生活中常见的尖锐物品的用途。

(四)活动过程

1. 故事导入，唤起幼儿对尖锐物品相关生活经验的回忆

教师出示手上贴着创可贴的小熊娃娃。

师：小熊你好！你的手怎么受伤了呀？(小熊在教师耳边说悄悄话)噢，原来是这样啊！

教师讲述故事《小熊受伤了》。

师：小熊的手为什么会受伤呀？

小结：水果刀有尖尖的角，不能玩，要小心使用才不容易受伤。

2. 引导幼儿观察图片，找出图片中的尖锐物品

师：(播放课件一，幼儿观察、辨别并说出尖锐物品的名称)小朋友们，这幅图里也藏着许多有尖尖角的物品，它们在哪儿呢？我们把它们找出来吧！

教师出示尖锐物品的实物，引导幼儿观察尖尖角的部分。

小结：剪刀、水果刀、缝衣针、铅笔，它们都有尖尖角，会伤人，一定要小心，它们不是玩具，千万不能玩！

3. 引导幼儿观察三组对照图，说一说谁的行为有危险，谁的行为很正确

出示第一组对照图片：两个挥着小树枝在打闹的小男孩和正在专心剪纸的小女孩。请幼儿看一看、说一说。

小结：小树枝有尖尖角，不能当玩具打闹，否则会划破皮肤或者伤到眼睛，很危险。使用尖锐的物品时要专心，以防受伤，小女孩做得对！

出示第二组对照图片：捡到钉子要放进口袋的小男孩和用安全保护套将水果刀装好的小男孩。请幼儿看一看、说一说。

小结：钉子有尖尖角，不能直接放进口袋里，否则会扎伤自己，损坏衣物。小男孩把水果刀装进保护套，很安全，他做得对！

出示第三组对照图：把铅笔尖对着小朋友的小女孩和用铅笔写字的小男孩。请幼儿看一看、说一说。

小结：铅笔有尖尖角，不能用尖角对着人，否则会刺伤别人。小男孩用铅笔写字，他做得对！

4. 玩连线游戏，“我来给你找个家”

师：刚才我们看到，小朋友会把尖尖物品送回安全的家，这样，它们的尖尖角就会好好地藏在“家”里面不会伤害到我们了，是吗？不过，还有一些尖尖物品还没有找到家呢，咱们快去帮助它们吧！

教师播放课件三，幼儿在教师的引导下完成游戏，并获得奖励。

5. 看一看，想一想，“受伤了怎么办”

教师再次出示受伤的小熊娃娃。

师：小熊受伤了，谁来帮助它呢？如果妈妈或者家人正好离开不在身边，受伤的小熊该怎么办呢？

教师引导幼儿观看急救电话120标志，了解正确拨打急救电话的方式。

6. 结束活动

小结：有尖尖角的物品，虽然可以帮我们的忙，但是也很危险。要记住它不是玩具，不能直接放进我们的口袋里，使用完一定要把它送回家，藏起它的尖尖角，这样它就不会伤害我们了。如果不小心受伤，不要慌张，赶紧向大人求助，严重的话赶紧拨打急救电话120，尽快到医院处理。

（五）活动评价

明确的规则——本活动通过生活化的小故事进入主题，再通过课件层层递进的引导，让幼儿从无意识表现到有意识关注，进而在分析他人行为做出正确判断的过程中，对于尖锐物品的特征，如尖尖角会伤人，有了深刻的感受和认识，明确了“不能把尖锐物品当玩具，要小心使用、正确保管”的安全规则。

正向的引导——教师站在科学、客观的角度，将尖锐物品在生活中的用途和隐患分别从两方面真实地展现在幼儿面前，供幼儿感受、认知和判断。教师对于尖锐物品的危险不过分夸大描述，有助于幼儿从小形成正确、客观的安全防范意识，使幼儿保持既谨慎又不过度畏惧的态度，在反复实践操作和练习中，学会正确使用和保管尖锐物品的方法。

（六）活动延伸

1. 一日生活、区域活动延伸

提供各种居家生活中日常用品的图片，供幼儿观察，并用油画棒圈出其中的尖锐物品。

提供尖锐物品和其相对应安全保护套的图片，供幼儿玩配对或连线游戏“我来给你找个家”。

在娃娃家提供安全剪刀、水果模板、玩具水果刀和塑胶水果等材料，供幼儿玩剪水果形状、切水果的游戏，锻炼幼儿手部小肌肉力量和灵活协调性，使幼儿掌握使用尖锐物品的技巧。

2. 家庭亲子活动延伸

建议家长和幼儿共同为家里的每一样尖锐物品都找一个家(安全保护套或收纳盒)。

每次使用完尖锐物品之后，家长都要及时帮助或提醒幼儿放回原处，养成持之以恒的好习惯。

(七)参考资源

1. 拓展阅读

燕子．受伤不再可怕：自救 2. 哈尔滨：哈尔滨工业大学出版社，2015.

崔钟雷．安全知识快乐读．长春：吉林美术出版社，2011.

2. 安全小儿歌

尖锐物品的安全

尖锐物品要小心，尖尖角呀会伤人；
不要把它当玩具，装进口袋更不行！
尖角不能对别人，用完收好记在心！

小班活动 4：和狗狗玩耍的安全

(一)活动背景

在我们的生活当中，很多家庭都会因为狗的忠实、可爱而选择它们作为宠物，有的人甚至把狗视作亲密的伙伴。对于年龄幼小的孩子来说，饲养狗能教会他们爱和尊重，增强幼儿的责任担当意识；但同时，宠物攻击人的事件时有发生，又警示我们不应忽视其中的安全隐患。所以，家长除了采取必要的安全防护措施，如给狗狗按时注射疫苗、做好驱虫工作、保证清洁卫生、不让幼儿独自和狗狗待在一块外，还要教幼儿树立正确的安全防范意识，学会和狗狗正确相处的方式，在和狗狗玩耍的同时确保自己的安全，由此我们设计了本活动。

（二）活动目标

第一，尝试了解宠物狗狗的习性特点以及正确的相处方式。

第二，知道和狗狗玩耍的时候要小心，不能揪狗狗尾巴，不能打扰狗狗吃东西。

第三，懂得被狗狗咬伤后，要马上告诉成人，并及时注射狂犬疫苗。

（三）活动准备

第一，提供宠物狗狗的图片、狗狗和人类良好互动的图片以及狗狗发怒伤人的图片若干幅，分别制作成四部分课件：其一，可爱的狗狗(不同种类的狗狗图片)；其二，狗狗是人类的好朋友(人类喂养狗狗，带狗狗散步、打针、包扎受伤的腿，为狗狗洗澡以及狗狗和幼儿在一起的温馨图片)；其三，生气的狗狗(狗狗发怒的图片，以及被狗咬伤的身体部位的图片，2~3幅即可，注意选择的图片不可过于血腥，以免引起幼儿不适和恐惧)；其四，危险的动作(揪狗狗的尾巴、抢狗狗的食物导致狗狗发怒的图片)，以及各种和狗狗相处的图片合辑，供幼儿分辨正确行为与危险行为，在危险行为图片上贴安全警示标志。

第二，谜语：站着没有坐着高，一年四季穿皮袄；看见生人汪汪叫，看见主人尾巴摇。(狗)

第三，安全警示贴纸若干。

第四，幼儿初步了解狗的基本特征，如外形、叫声、食物特性等。

（四）活动过程

1. 猜谜语引入，激发幼儿对狗狗的兴趣

教师讲述谜语，请幼儿猜猜：今天来的是什么小动物朋友？

(播放课件第一部分)小结：今天来咱们班做客的是我们的好朋友——狗狗！狗狗很可爱，它们穿着一件毛茸茸的皮袄，有灵敏的鼻子，四条腿儿跑得快。狗狗会看家和保护主人，喜欢对主人摇尾巴，可是看见陌生人就会汪汪叫。

2. 观看狗狗与人类友好相处的图片，感受人与狗狗之间爱的时刻

教师播放课件第二部分，请幼儿说一说人和狗狗在做什么，他们玩得怎样。

小结：狗狗是人类的好朋友，它们喜欢散步、洗澡、让我们给它喂食等，狗狗会帮助我们看家、打猎、为盲人带路，还能帮警察叔叔破案抓坏人呢！

3. 观看狗狗伤人的图片，知道和狗狗玩耍也有危险

教师播放课件第三部分，请幼儿想一想狗狗为什么会生气。

小结：狗狗和我们人一样，有时候也会不开心，也会生气，生气的时候可能就会咬人或者抓伤人，如果我们不小心被咬伤或者抓伤，不及时打狂犬疫苗，可能会得可怕的狂犬病，还会有生命危险呢！

4. 观看两种错误行为的图片，懂得不能对狗狗做危险动作，保护自己很重要

教师播放课件第四部分，懂得这两种行为很危险，狗狗会生气。

小结：狗狗不喜欢自己的尾巴被人揪，更不喜欢食物被别人抢，否则它就会对侵犯它的人发脾气！所以，我们一定不可以对狗狗做这些动作，这样做很危险。

师：当我们被狗狗咬到或抓到了怎么办呢？一定要马上告诉爸爸妈妈，及时去医院处理伤口，并注射狂犬疫苗。

5. 活动结束

小结：可爱的狗狗喜欢我们照顾它，给它洗澡、喂食，带它散步等；不喜欢我们揪它的尾巴、碰它的食物，否则它就会发脾气伤人哦！我们要和狗狗友好相处，不对它做危险的事，让狗狗成为我们最好的朋友吧！

（五）活动评价

本活动用猜谜语的方式引入，吸引幼儿对狗狗的兴趣，激发幼儿运用已有生活经验来进行思考。直观形象的图片和课件的展示，可以让幼儿站在客观的角度，发现和感受与宠物狗狗友好相处的方式以及需要警惕的危险事项，并清楚地知道，哪些行为一定不能做，从而树立正确的安全防范意识。整个活动始终围绕人与狗狗之间的互动关系展开，使幼儿加深了对狗狗的了解，有利于增进人和动物之间的感情。

（六）活动延伸

1. 本活动相关活动延伸

请幼儿将自己最喜爱的宠物照片带来陈列在墙面互动板面中(可以是和家长一起喂养小动物，给小动物洗澡，带小动物看医生、遛弯等的照片)，幼儿通过

看一看、说一说和宠物互动的故事，进一步增进与宠物之间的情感。

2. 一日生活、区域活动延伸

在阅读区投放和宠物安全相关的图书，巩固幼儿的相关安全知识。

3. 家庭亲子活动延伸

建议家长在家中有意识地培养幼儿和宠物狗之间正确友好的相处方式，杜绝幼儿对狗狗做危险动作。

按时带狗狗去宠物医院注射疫苗，做好驱虫工作、保证狗狗的干净卫生，不能让幼儿独自和狗狗待在一块。

（七）参考资源

[德]科隆诺曼·戈贝尔出版有限公司．狗．张迪，译．长春：吉林出版集团有限责任公司，2012.

张俊红，赵欣雅．宠物伤害事故防范知识．乌鲁木齐：新疆美术摄影出版社，2012.

初舍，王杰．宠物狗常见问题家庭处置及护理．北京：中国农业出版社，2017.

《如何与狗狗安全相处》编写组．如何与狗狗安全相处．北京：中国农业出版社，2018.

崔钟雷．安全知识快乐读．长春：吉林美术出版社，2011.

五、 主题单元幼儿表现评估

主题__________

班级__________　　幼儿姓名__________　　教师姓名__________

评价者__________　　日期__________

评估准则：完全掌握或做到 4 分；有时掌握或做到 3 分；初步掌握或偶尔做到 2 分；暂未掌握或做不到 1 分。

学习目标	具体表现	4	3	2	1
1. 初步了解居家生活中的安全常识，如安全如厕、不在厨房玩耍以及和宠物友好相处等。					
2. 尝试找一找家庭中的安全隐患，懂得正确防护，远离危险。					
3. 在家中发生意外伤害时，懂得及时地呼救和寻求帮助。					
4. 学习一些简单自救和护理的办法。					
5. 积累居家生活的安全经验，增强自我保护的意识。					

小班园所安全

一、 主题单元背景资料

本主题单元，我们将围绕小班幼儿在园一日生活安全相关知识点，如生活活动、学习活动、大型集体活动中的安全等方面的安全教育，通过环境营造、游戏开展、集体活动实施等方式，帮助幼儿了解幼儿园生活中可能存在的安全风险，了解安全的行为做法，不做危险的事情，树立自我保护意识，提高自我保护能力。

二、 主题单元目标

第一，熟悉幼儿园环境设施，了解在园学习、生活活动的常规要求，初步养成良好的安全生活习惯。

第二，知道幼儿园一日生活的安全注意事项，并在生活中践行。

第三，了解幼儿园内各个活动区域的安全要求。

第四，了解各种学具、玩具等的用途及使用方法，知道按照正确的方法使用。

第五，能简单认识“危险的缝隙”等安全隐患，丰富幼儿关于园内的生活常识，知道不做危险的事情，具有安全意识。

三、 主题单元环境创设

（一）墙饰创设

结合本主题单元的目标、内容和小班幼儿的年龄特点，墙饰创设分为三部分。

1. 幼儿园里的一天

将幼儿一日生活的各个环节(入园、晨间游戏、早操、喝牛奶、学习活动、游戏活动、户外活动、午餐、午睡、吃点心、如厕、离园等)用图片或照片呈现，并用箭头串起来，形成一日生活流程图，从而帮助幼儿熟悉一日生活的各个环节，并在相应环节以简笔画的方式配上安全注意事项，注意事项的内容可以是师幼共同讨论形成的，以此帮助幼儿进一步巩固各个环节正确、安全的行为。

2. 幼儿园里人真多

手绘大型活动场景大图，在可操作的墙面上展示幼儿园大型活动热闹、喜庆的氛围，准备幼儿的寸照卡片，并把幼儿的寸照卡片贴在墙面上，让幼儿感知在大型活动时上下楼梯、去操场集中等情景下，应该遵守秩序，保障自身安全，从而积累丰富的安全知识经验。

3. 不让玩具伤害我

张贴各种玩具、学具图片，并在旁边附上相应的可粘贴的区域，对比展示正确的玩法和错误的玩法。帮助幼儿直观感受在使用玩具时，应遵守一定的安全规则，提升自我保护意识。

(二)区域活动

1. 美工区

提供胶带、画笔、儿童剪刀等物品，供幼儿尝试安全使用。

提供各种安全标记，供幼儿涂色或剪裁、粘贴。

2. 益智区

提供各类桌面玩具、学具，供幼儿了解玩具的安全使用方法。

提供安全标记及不同的背景图，供幼儿在操作中，了解不同安全标记的作用，并了解不同场景的安全要点。

3. 图书区

提供适合小班幼儿的幼儿园生活相关安全绘本、游戏图书若干，供幼儿阅读。

提供头饰、手偶、故事图片等，供幼儿大胆表现图书内容。

4. 表演区

准备幼儿园安全的小故事，供幼儿自主选择与分享。

（三）班级文化

1. 引导幼儿了解幼儿园一日生活常规要求，建立良好的班级常规习惯

小班幼儿从家庭生活过渡到幼儿园生活，每个人都带着家庭的生活及行为习惯，对集体生活及要求缺乏一定的认识。因此，建立必要的集体生活常规要求，可以帮助幼儿尽快地适应幼儿园的生活，并在幼儿园的生活和学习中，减少安全事故的发生，及时消除安全隐患。对此，教师可以通过游戏活动、集体教学活动等多种方式，帮助幼儿熟悉班级及幼儿园的环境，了解基本的常规要求，并在生活中执行常规，形成有序、和谐、安全的班级环境。

2. 引发幼儿对幼儿园生活中安全常识的关注和兴趣，逐步强化幼儿安全自护意识

小班幼儿好奇心强，无论在生活活动，还是游戏活动中，往往不知道什么是安全、正确的行为，容易发生安全事故。为了帮助幼儿尽快适应幼儿园生活，让他们在幼儿园平安健康地成长，教师可以利用游戏、故事或利用真实的生活情境，帮助幼儿了解幼儿园生活中可能会发生的危险，让幼儿在游戏与生活中树立自我保护的意识。

3. 引导幼儿获取基本的自我保护方法，发展其基本的自我保护能力

小班幼儿刚从家庭的关心呵护中走进集体生活，大多数幼儿缺乏自主性，缺乏对安全隐患的辨别能力，更缺少对危险发生后的应急自救方法。在幼儿园里，经常可以看到小班幼儿发生危险，如游戏中磕碰，朋友间抓伤、咬伤，幼儿园内走失等情况。为此，在树立幼儿基本的自我保护意识的同时，我们力图通过游戏、生活，让幼儿在真实情境和游戏中，学习在园一日生活各个环节中的安全防范措施，帮助幼儿掌握基本的自我保护方法，发展基本的自我保护能力。

四、 主题单元教育活动方案

小班活动 1：幼儿园里的一天

(一)活动背景

小班幼儿步入集体生活，内心充满新奇和不安。为幼儿创设一个安全、自由的环境，消除幼儿的紧张心理，通过集体教育活动等形式帮助幼儿形成自我保护意识，提升自我保护能力，对减少小班幼儿在园安全事故、保证幼儿在园安全有重要的意义。为帮助幼儿了解幼儿园一日生活安全常规要求，帮助幼儿形成良好的安全防护意识，我们特开展本次活动。

(二)活动目标

第一，知道并熟悉幼儿园一日生活的内容及常规安全要求。

第二，愿意遵守班级常规，知道保护自己。

第三，养成良好的生活习惯，有初步的安全意识。

(三)活动准备

第一，幼儿参与一日生活的各个环节的图片，参与各生活活动环节的标志性物品(玩具、水杯、餐具、被子等)，危险物品(扣子、小珠子、小刀等)。

第二，幼儿在家积累了一定的安全经验，有过参与幼儿园一日生活的经验。

(四)活动过程

1. 学习儿歌《室内活动安全歌》

教师示范朗诵儿歌，幼儿欣赏。

师：老师为小朋友带来一首儿歌。小朋友仔细听!

教师带领幼儿学习儿歌，帮助幼儿理解、记忆儿歌内容。

师：老师再为小朋友们朗诵一遍，小朋友们仔细听，玩玩具要注意什么？进出门要注意什么？活动室里要注意什么？

2. 提问引导，帮助幼儿了解在盥洗室内不能追逐、打闹，要谦让、慢行

师：在盥洗室怎样做是安全的？怎样做是不安全的？如果发现小朋友做不

安全的事，怎么办？

幼儿自主回答问题。

师：小朋友在盥洗室要做到不追逐、不打闹，有意识地谦让、慢行。如果你发现有小朋友追逐、打闹，要及时劝阻他们。

3. 教师逐一出示一日生活各环节的图片及物品，幼儿观察图片

师：小朋友们看看图片和老师手里的东西，想一想，图片中哪些小朋友的行为是正确的？哪些小朋友的行为是不正确的？怎么改正？

幼儿观察图片，自主回答问题。

小结：进餐时，小朋友要安静进餐、细嚼慢咽，不说笑，以免呛着；午睡时，小朋友不能趴着睡，不把头藏在被子里，不把杂物带到床上，嘴巴里不能含着东西睡觉；在幼儿园上下楼梯，要学会靠右行走，不猛跑，以免碰撞、摔倒。

（五）活动评价

本活动将安全渗透到一日生活中，让幼儿明确一日生活中的各个环节和各项活动的具体要求，知道应该怎样做才能建立良好的秩序，避免出现伤害事件。幼儿通过学习安全歌、观察讨论各环节安全常识等方法，将幼儿园一日生活的安全知识熟记于心，知道要遵守生活常规，知道保护自己，初步树立了自我保护的安全意识。

（六）活动延伸

1. 一日生活、区域活动延伸

幼儿在日常生活中与教师一起寻找、收集室内与室外的安全隐患，总结记录，并找到解决的方法。

在区域活动中增加幼儿在活动时的照片，供幼儿观察、讲述等；为幼儿提供有关幼儿园安全方面的书籍，并与幼儿共同阅读。

2. 家庭亲子活动延伸

请家长经常为幼儿讲有关幼儿园、家庭安全方面的故事，或关注相关的新闻报道。

(七)参考资源

[法]塞尔日·布洛克. 我爱幼儿园. 张艳，译. 北京：北京科学技术出版社，2012.

小班活动 2：幼儿园里真好玩

(一)活动背景

幼儿园里有各种各样、功能丰富的活动区域，如建构区、种植区、养殖区、美工区、科探区、大型玩具区等。小班幼儿刚刚来到幼儿园，对幼儿园内的环境不太熟悉，对幼儿园各个活动区域的学具、玩具的使用方法不太了解，幼儿活动时往往存在安全隐患，需要幼儿园及其教师关注的“安全点”太多，稍有疏忽便容易出现安全纰漏。为了帮助幼儿尽快熟悉幼儿园的内部环境，增强幼儿自身的安全意识，确保幼儿在各个活动区域活动时能注意安全，特开展本活动。

(二)活动目标

第一，熟悉幼儿园的内部环境，大致知道幼儿园各个区域的作用。

第二，知道各个区域活动时应该遵守的安全要求，有一定的安全及规则意识。

第三，能正确、安全使用各个活动区域的学具、玩具，不做危险的事情。

(三)活动准备

第一，各个活动区域的规则。

第二，各个活动区域的游戏材料(含学具、玩具等)。

第三，绘本《汤姆上幼儿园》。

第四，图片(前期收集的各个区域内幼儿活动的照片)。

(四)活动过程

1. 看一看，想一想，激发幼儿参与活动的兴趣

教师出示绘本，引导幼儿观察绘本内容。

师：小朋友们仔细观察，看看图片上的小动物在做什么。(幼儿观察图片并回答提问)

教师逐页讲述绘本，引导幼儿思考汤姆上幼儿园的经历，引发幼儿的共鸣。

师：汤姆喜欢上幼儿园吗？为什么？

2. 看一看，想一想，引导幼儿知道幼儿园里有各种各样的活动区域

师：汤姆的幼儿园里有什么？汤姆在幼儿园里做了些什么？

师：小朋友们想一想，我们的幼儿园里有什么？

3. 走一走，看一看，帮助幼儿了解幼儿园内各个活动区域及其安全规则

师：我们一起开小火车，参观一下我们的幼儿园，看一看幼儿园里有什么。

教师带领幼儿依次了解幼儿园的活动区域，重点介绍各个区域的学习及游戏功能，及相关学具、玩具的使用方法，并提醒幼儿注意安全要点。

4. 说一说，帮助幼儿巩固了解各区域学具、玩具的安全使用要求

师：小朋友，我们一起来看一看图片里的小朋友做得对吗，说说为什么。

教师出示各个活动区域幼儿活动时的图片，请幼儿判断对错。

（五）活动评价

本活动主要针对小班幼儿在幼儿园各区域内容易发生的危险情况，通过生动形象的故事导入活动，结合实地参观、观察，并根据图片，引发幼儿思考、讨论，使幼儿初步形成自我保护意识，知道在各个活动区域应注意安全要求，知道各个活动区域的学具、玩具的正确使用方法，有效丰富了幼儿基本的自我保护方法与经验。

（六）活动延伸

1. 本活动相关活动延伸

谈话活动：我喜欢的幼儿园。

2. 一日生活、区域活动延伸

在图书区投放关于幼儿园的相关图书，丰富幼儿对幼儿园的认识。

（七）参考资源

[法]玛丽–阿利娜·巴文(图)，[法]克斯多夫·勒·马斯尼(文). 汤姆上幼儿园. 梅莉，译. 郑州：海燕出版社，2008.

周兢(文)，张蕾(图). 啊哈！幼儿园. 南京：南京师范大学出版社，2005.

[日]中川李枝子(文)，[日]山协百合子(图). 三只小猪上幼儿园. 郑明进，译. 南京：南京师范大学出版社，2005.

[美]大卫·香农. 大卫上学去. 余治莹, 译. 石家庄: 河北教育出版社, 2008.

[英]罗伦斯·安荷特(文), [英]凯萨琳·安荷特(图). 小阿力的大学校. 郭玉芬, 万砡君, 译. 济南: 少年儿童出版社, 2009.

小班活动3: 危险的缝隙

(一)活动背景

小班幼儿年龄小, 缺乏安全知识经验, 在生活中往往需要成人的提醒和引导才能注意安全, 避免危险的发生。幼儿园内有各种细小的缝隙, 如门缝、床缝、窗户缝; 还有稍微大一点的缝隙, 如栏杆等。为了让幼儿了解危险的缝隙, 知道不能将头、手、脚等身体部位伸进缝隙里, 提高幼儿安全意识, 丰富幼儿安全知识经验, 提高自我保护和防范能力, 远离伤害, 特开展本活动。

(二)活动目标

第一, 知道缝隙容易卡住头、手、脚等身体部位, 造成伤害。

第二, 能利用身体部位进行大小对比来判断缝隙是否存在危险, 并用标记卡进行标记。

第三, 增强安全意识, 提高自我保护和防范能力。

(三)活动准备

小朋友被各种缝隙卡住头、手、脚的图片, 塑料管, 纸球, 小狗玩偶, 哭声音频, 各种有"缝隙"的材料, 有注意危险标记的标记卡(头、手、脚三种标记)。

(四)活动过程

1. 情境导入

小狗铛铛的玩具小球掉进了缝隙里, 请幼儿帮忙将玩具取出来。

(1)播放哭声, 教师出示纸球和塑料管, 创设问题情境。

(2)请幼儿尝试将纸球从塑料管中取出。

师: 谁愿意来帮助铛铛将玩具小球取出来呢?

2. 迁移经验，让幼儿观察图片，使其知道缝隙容易卡住头、手、脚

(1)迁移经验，教师总结。

师：玩具小球还能从缝隙里取出来吗？为什么？因为小球和缝隙的大小差不多，所以小球掉进缝隙里就拿不出来了。小朋友的头、手、脚就像小球一样，如果小朋友不小心将头、手、脚卡在缝隙里了，很可能就像这个小球一样拿不出来了。

(2)让幼儿观察图片，使其知道缝隙容易卡住头、手、脚，造成伤害，了解求救办法。

师：图片里有谁？发生了什么事？

师：小朋友将头伸进了和他的头大小差不多的栏杆的缝隙里，结果被卡住了。如果他用力将头拔出来，他的头可能会怎样？

师：小朋友将手指伸进了和他的手指大小差不多的玩具缝隙里，结果就取不出来了，如果他用力将手拔出来，他的手可能会怎样？

师：有个大人不小心将脚卡在了和他的脚大小差不多的下水道板的缝隙里，如果他用力将脚拔出来，他的脚可能会怎样？

师：如果我们不小心将头、手、脚卡在缝隙里了该怎么办？

小结：当我们的身体部位卡在缝隙里了，我们可以大声呼救，请老师或其他成人帮忙，请他人打电话向医生、消防员求救，切记不可以用蛮力拔或者哭闹。

3. 游戏“危险的缝隙”，引导幼儿发现幼儿园内可能存在的危险的缝隙

师：幼儿园里有各种各样的缝隙，小朋友们找一找在哪里，并想一想这些缝隙有可能伤害我们身体的哪些部位，给这个缝隙贴上注意危险的标记卡提醒小朋友们。

师：这是什么？请小朋友观察这个缝隙和我们身体哪个部位大小差不多。

（五）活动评价

本活动通过简明形象的故事情境、具体鲜明的图片以及师幼互动，引导幼儿去发现、了解幼儿园中可能遇到的缝隙，可能引发的危险，增强了小班幼儿在园生活与学习的安全防范意识，也提高了幼儿的自我保护能力，让幼儿开开心心、安安全全地在幼儿园学习与生活。活动通过让幼儿观察图片、标记操作等多种形式循序渐进地引导他们了解关于危险的缝隙的安全知识；鼓励幼儿积极观察、思考和表达，主动参与到活动中，潜移默化地习得安全小知识，进一步提高安全意识。

（六）活动延伸

1. 本活动相关活动延伸

教师通过讲故事、谈话等方式，让幼儿了解各种缝隙的安全注意事项，使其增强自我保护意识。

2. 家庭亲子活动延伸

请家长在家中给幼儿渗透关于危险的缝隙等幼儿园常见安全事故的安全知识，引导幼儿仔细观察，防止危险的发生。

小班活动 4：小板凳会“咬手”

（一）活动背景

板凳是幼儿最熟悉的物品之一，也是他们在生活和学习中不可缺少的重要工具。他们每天都与板凳亲密接触，有时把板凳当马骑，有时站在板凳上往下跳，有时把板凳当小推车去碰同伴的板凳，拿板凳时也经常推着板凳走或是一只手拖着走，完全不考虑这些动作和行为背后潜在的危险。为了防患于未然，让幼儿意识到安全隐患无处不在，我们设计了本活动，主要让幼儿在活动中了解板凳的构造和正确的拿板凳的方法。本活动使幼儿了解不正确使用板凳会发生的一些危险，从而增强幼儿的安全意识和防范意识。

（二）活动目标

第一，了解板凳的结构和基本特征，知道它可能存在的安全问题。

第二，知道正确拿板凳的方法，避免安全问题的发生。

第三，养成正确使用板凳的习惯，不做危险的动作和行为。

（三）活动准备

第一，提供实物：板凳。

第二，提供自制视频：正确拿板凳的视频。

第三，提供四张图片：第一张，小女孩制止两个小男孩推板凳；第二张，小男孩站在板凳上拿高处的东西；第三张，小女孩坐板凳时翘起板凳的腿；第四张，小男孩拉着板凳走。

第四，活动前，请幼儿与家长一起观察家里的板凳，初步了解板凳的作用和结构。

（四）活动过程

1. 出示板凳实物，引导幼儿认识板凳的构造和基本特征

师：小朋友，这是什么呀？板凳由哪几部分组成呢？

师：板凳有什么用呢？

小结：板凳可以坐，可以放东西，大人可以拿板凳当梯子帮助我们拿高处的东西，用处真不少。

2. 引导幼儿学习拿板凳的正确方法

请幼儿结合自己的生活经验，说说自己因为板凳受伤的经历。

师：有没有小朋友因为板凳受过伤呢？是怎么受伤的？

小结：如果不正确使用板凳或用不正确的方法拿板凳可能会伤到自己或同伴，那我们平时该怎么拿板凳才能保护自己和同伴呢？

请个别幼儿说说自己拿板凳的方法，并示范。

师：谁愿意来给大家分享一下你拿板凳的方法呢？

一边示范一边讲解拿板凳的正确方法，请幼儿练习。

师：拿板凳时一定要用两只手端稳，一只手握住板凳背，另一只手握住板凳面，且四条腿朝下，轻拿轻放。大家一起来试试吧！

3. 引导幼儿发现危险动作和行为存在的安全隐患

引导幼儿相互交流。

师：我们除了拿板凳时要注意外，平时使用时还应注意什么呢？

出示四张图片。

师：你们看，这些小朋友的行为对吗？请给做得对的小朋友送上一朵小花吧！（针对幼儿的操作结果进行讨论）

小结：坐板凳时不乱动，不推拉板凳玩，不攀爬板凳或站在板凳上跳，放板凳时小心夹手等。

（五）活动评价

本活动让幼儿通过视频、交流讨论、操作等方式了解了板凳的结构、拿板凳的正确方法以及使用板凳时要注意的安全事项等。在活动中，幼儿能结合自己的亲身经历说出因为板凳受伤的故事，知道正确使用板凳和不做危险动作可以避免发生意外，同时也能清楚地辨别使用板凳的正确行为和不正确行为，安全意识有所提高。

（六）活动延伸

1. 本活动相关活动延伸

设计活动“好玩的板凳”，幼儿可在游戏中练习拿板凳的正确方法和体验如何安全地使用板凳。

2. 一日生活、区域活动延伸

创设建构区域，引导幼儿利用积木等材料搭建板凳，进一步了解板凳的结构和特征。

3. 家庭亲子活动延伸

家长可以和幼儿一起继续探索板凳的秘密，进一步了解不正确使用板凳存在的安全隐患，并掌握正确拿板凳的方法。

建议家长提醒幼儿在家不攀爬板凳、不拖拉板凳。

（七）参考资源

孙静(文)，吴飞(图). 站在椅子上. 武汉：长江出版社，2015.

[美]艾滋拉·杰克·季兹. 彼得的椅子. 孙晴，译. 济南：明天出版社，2008.

[法]戴尔芬·佩雷. 帕布罗和他的椅子. 树才，译. 郑州：郑州大学出版社，2016.

五、 主题单元幼儿表现评估

主题__________

班级__________　　幼儿姓名__________　　教师姓名__________

评价者__________　　日期__________

评估准则：完全掌握或做到 4 分；有时掌握或做到 3 分，初步掌握或偶尔做到 2 分；暂未掌握或做不到 1 分。

学习目标	具体表现	4	3	2	1
1. 熟悉幼儿园环境设施，了解在园学习、生活活动的常规要求，初步养成良好的安全生活习惯。					
2. 知道幼儿园一日生活的安全注意事项，并在生活中践行。					
3. 了解幼儿园内各个活动区域的安全要求。					
4. 了解各种学具、玩具等的用途及使用方法，知道按正确的方法使用。					
5. 能简单认识“危险的缝隙”等安全隐患，丰富幼儿关于园内的生活常识，知道不做危险的事情，具有安全意识。					

小班卫生饮食安全

一、 主题单元背景资料

食品卫生与安全关系到每一个幼儿的健康成长，是家庭和社会共同关注的热点话题之一。小班幼儿对于食物的选择更倾向于自己的喜好，很少关心吃到的食物是否安全和健康，卫生饮食安全的意识还比较薄弱。在幼儿的成长过程中，帮助幼儿形成良好的卫生饮食习惯和规则意识是一项重要任务，它对幼儿健康成长具有十分重要的意义。因此，提高幼儿对卫生饮食安全的自护意识显得尤为重要。本主题单元在幼儿喜闻乐见的游戏中，利用生活中常见的各种食材，通过自主探索，让幼儿在实际操作中了解食物的名称、特征及营养价值，学会辨别健康食物和不健康食物，知道有营养的食物能让自己健康成长，而不健康的食物会对身体造成危害，并掌握安全进餐的方法，了解误食的危害，从而提高幼儿的卫生饮食安全意识。

二、 主题单元目标

第一，初步掌握常见食物的名称、特征及营养价值。

第二，知道有营养的食物能使自己健康成长，养成不挑食的好习惯。

第三，学习安全进餐的方法。

第四，了解由饮食不当引发的疾病及自我预防的方法，了解误食的危害。

第五，喜欢吃健康食品，能主动、愉快地进餐。

三、主题单元环境创设

（一）墙饰创设

结合小班“卫生饮食安全”主题的目标与内容，将墙饰分为四个板块。

1. 健康食物大集合

在墙面上装饰一个篮子及多个盘子，将生活中常见的食物，包括蔬菜、水果、肉类、奶制品等图片打印后塑封成可反复粘贴的卡片，贴到篮子里，让幼儿根据食物的类别进行分类操作。通过把食物卡片贴到不同类别的盘子里，加强幼儿对健康食物的认识及对不同类别食物的区分。

2. 爱吃水果的小猴子

教师自制一个小猴子形象的袋子，将袋子口设计为猴子的嘴巴，幼儿用超轻黏土制作一些水果的模型，晾干之后集中到一个盒子里，供他们将水果模型自由投放到小猴子的嘴巴里。该板块可以让幼儿认识各种水果，同时增加了墙面的互动性和趣味性。

3. 安全进餐小标兵

将几种进餐行为的图片贴到墙上(吃饭时大笑、安静用餐等)，准备若干可反复粘贴的笑脸标志和哭脸标志，供幼儿选择辨别，让幼儿判断哪些进餐行为是安全正确的，应该学习的，哪些是错误的，需要改正的。

4. 新鲜的食物才能吃

准备若干新鲜与不新鲜的食物图片及两个分别代表着新鲜食物与不新鲜食物的袋子，让幼儿进行分类操作。

（二）区域活动

小班幼儿的认知特点是通过感官来认识事物，因此在区域中应多投放真实的可供幼儿实际操作的材料、玩具。

1. 操作区

在区域中提供袋子、盘子等，仿真食物或图片若干，供幼儿进行区分，将可食用的物品放到盘子里，不可食用的物品放进袋子里。

教师准备一个“娃娃”玩具，制作两个表情牌(一个笑脸、一个哭脸)，教师与幼儿共同收集一些健康和不健康食品的卡片。在游戏时，两个幼儿一组，其中一个幼儿将食物卡片喂给“娃娃”，另一个幼儿根据所喂的食物出示表情牌(健康食品出示笑脸牌，不健康食品出示哭脸牌)。

自制玩教具。玩法：将正确使用勺子的示意图(见活动3“我会自己吃饭”)贴在盒子旁边，并准备几把幼儿用勺，供幼儿把碗里不同的“食物”(程度由易到难)用正确的握勺姿势舀到盒子里面。

2. 美工区

准备画好蔬菜、水果轮廓的纸张、彩笔和剪刀，给幼儿自由涂色和裁剪的空间。

3. 语言区

与幼儿共同收集水果蔬菜卡片书，为幼儿自由阅读提供条件。

投放《我们的身体》图书，供幼儿了解身体的构造，从而更好地保护自己的身体。

(三)班级文化

1. 引发幼儿对生活中卫生饮食安全的关注和兴趣，初步建立卫生饮食安全意识

小班幼儿容易根据自己的喜好来选择食物，对生活中卫生饮食安全的关注度不高。针对小班幼儿好奇心较强的特点，在幼儿园里，教师可以利用进餐时间向幼儿介绍各种食物的名称及营养价值，让幼儿认识生活中常见的食物；在生活中家长与幼儿共同收集不同食物的图片，让幼儿了解其营养价值，并结合班级中的环境创设开展“食物营养我知道”系列活动，从而引发幼儿对食物的探索兴趣，增进幼儿食欲。此外，教师可以与幼儿共同收集当季的食物，建立班级卫生饮食安全角，在观察、体验和探索中，帮助幼儿初步建立卫生饮食安全的意识。

2. 在班级中营造轻松、愉悦的进餐环境，与幼儿共同制定进餐规则

卫生饮食安全不仅仅体现在选择食材这一个方面，进餐的环境与进餐时不当的行为也极有可能危害到幼儿的人身安全。因此，要积极创造机会和条件引导幼儿安全进餐，在班级中要为幼儿营造轻松、愉悦的进餐环境，如进餐时播

放轻音乐等；提示幼儿在进餐过程中做到正确使用勺子、细嚼慢咽、保持安静，从而锻炼幼儿手部动作的发展，使幼儿在日积月累中掌握安全进餐的方法，减少进餐过程中存在的安全隐患，并在潜移默化中提升幼儿的饮食安全自护能力。

四、 主题单元教育活动方案

小班活动 1：小肚皮喜欢的食物

（一）活动背景

小班幼儿的生活经验比较少，自我保护能力较弱，很多时候都是“饭来张口，衣来伸手”，对于生活中吃到的食物没有系统地了解过，不知道什么样的食物是新鲜的，会给自己的身体带来益处，也不了解不新鲜的食物会对身体造成危害。本活动通过游戏的方式，让幼儿能够初步了解“新鲜食物”的特征等，养成食用新鲜食物的好习惯。

（二）活动目标

第一，了解不新鲜的食物对身体带来的危害。

第二，掌握新鲜食物的名称和特征。

第三，激发幼儿喜欢吃新鲜、健康食物的情感。

（三）活动准备

第一，新鲜和不新鲜的水果、蔬菜(可根据具体情况来选择)的图片各一份。

第二，新鲜和不新鲜的蛋类、肉类的图片各一份。

第三，水果盲盒：装有新鲜水果的盒子一个(幼儿看不到水果，但可以将手伸进去摸到水果)。

第四，幼儿吃过常见的水果、蔬菜、蛋类及肉类。

（四）活动过程

1. 配班教师假装“肚子疼”，引发幼儿思考

师 1：刘老师你怎么了？

师 2：我刚才吃了半个苹果，现在肚子有点疼。

师1：你赶快去保健室看一看吧！

教师和幼儿共同讨论刘老师肚子疼的原因，教师拿出不新鲜的苹果和幼儿讨论不新鲜的食物会对身体造成哪些危害。

小结：不新鲜的水果会使人出现发烧、肚子疼、呕吐等症状。

2. 玩猜水果游戏

教师将新鲜的水果装到水果盲盒中，让幼儿通过触摸及闭眼闻味道猜出是什么水果。

游戏结束后，教师与幼儿共同总结新鲜水果的特征。

师：小朋友们，仔细看这个新鲜的苹果，它摸起来滑滑的，表面看起来颜色鲜艳、水分充足，也没有腐烂的地方，闻起来香香甜甜的，真新鲜啊！谁能来帮老师看看香蕉和梨新不新鲜？

小结：新鲜水果色泽鲜艳、水分充足、味道香甜。

3. 幼儿分组进行新鲜食物与不新鲜食物的分类

教师分发新鲜与不新鲜的蔬菜的图片，让幼儿进行分类。

小结：新鲜的蔬菜颜色鲜艳、水分充足，没有腐烂的地方，新鲜的绿叶青菜，叶子不发黄、没有蔫掉。

4. 活动小结

教师用图片总结新鲜食物的特征以及吃了不新鲜食物会对身体造成危害，让幼儿产生喜欢吃新鲜食物的愿望。

（五）活动评价

本活动利用情境引发幼儿产生共情，让幼儿在问题中自主探索解决的办法，引导幼儿在情境中掌握新鲜食物的名称、特征等，激发了幼儿对新鲜食物的喜爱之情，养成爱吃新鲜食物的良好饮食习惯。

（六）活动延伸

请家长带领幼儿到菜市场中进行采购，一起挑选新鲜的食材。

小班活动2：会说话的食物

（一）活动背景

小班幼儿已经能够区分生活中常见的新鲜和不新鲜的食物，但是对于食物富含的营养价值及对其身体造成的影响还不是很了解，常常会根据外表和味道来挑选自己喜欢的食物，容易养成挑食的不良习惯，造成营养不均衡，从而影响身体发育。本活动通过游戏的方式，让幼儿了解不同食物有不同的营养价值，知道人体每天应摄取不同种类食物的营养，从而改掉挑食的不良习惯。

（二）活动目标

第一，知道常见食物具有的营养价值。

第二，能区分蔬菜、水果和谷物。

第三，愿意亲近食物、接纳食物，喜欢吃健康的食物。

（三）活动准备

第一，大蒜、西兰花、土豆、胡萝卜、辣椒、茄子、豆腐、苹果、橘子等新鲜食物。

第二，大米、小米、玉米等食物的图片。

第三，自制蔬菜爷爷、水果奶奶、谷物姐姐的手偶。

第四，贴有蔬菜爷爷、水果奶奶和谷物姐姐图片的食物筐每组三个。

第五，幼儿认识常见的食物，并了解其类别。

（四）活动过程

1. 教师设计分类游戏帮助幼儿区分蔬菜、水果和谷物

教师引导幼儿进行分类。

师：小朋友们，今天蔬菜爷爷要过生日了，他邀请了水果奶奶和谷物姐姐带着它们的小伙伴一起去参加生日聚会，但是由于玩得太开心了，结束的时候它们找不到自己的家了。

师：现在请小朋友们来帮助这些食物找到它们的家吧！

教师引导幼儿将食物分为蔬菜、水果和谷物三类。

师：（拿起胡萝卜用拟人的语气说）小朋友们，你们好，你们知道我叫什么名字吗？幼儿回答。（略）

师：我含有丰富的胡萝卜素，能够帮助你们把眼睛变亮哦！我的家在哪儿呢？请你们帮帮我吧！（教师引导幼儿将其放入贴有蔬菜爷爷图片的食物筐中。）

师：（拿起苹果）各位小朋友，我叫……（幼儿说苹果），我含有丰富的维生

素，我的维生素能有效帮助大家预防感冒，可是我不记得我的家在哪儿了？请你们帮帮我。(教师引导幼儿将其放入贴有水果奶奶图片的食物筐中。)

师：(拿起大米图片)小朋友们，我叫什么名字你们知道吗？我能够帮助你们补充能量，让你们变得更强壮。我的家在哪里呢？(教师引导幼儿将其放入贴有谷物姐姐图片的食物筐中。)

幼儿自主进行分类操作。

师：现在小朋友们可以去摸一摸、闻一闻、看一看，帮助剩下的食物找到它们的家吧！

2. 幼儿分类完毕后，教师和幼儿总结三种类别食物的营养价值

水果类——维生素含量丰富，有促进消化、预防感冒等功效；

蔬菜类——粗纤维含量高，有促进排便、促进钙的吸收等功效；

谷物类——补充能量，增加饱腹感等。

小结：小朋友们，我们知道了每种食物都有它自己的味道和营养价值，对我们的身体有不同的好处，所以我们每种食物都要吃，不能只挑自己喜欢的吃。现在让我们一起把这些食物给食堂的叔叔阿姨们送去吧，让他们帮我们做出好吃的饭菜，我们都要做不挑食的好宝宝哦！

3. 帮厨活动

此环节可根据实际情况进行选择。

在对幼儿进行安全教育后，可带领幼儿到食堂进行参观和帮厨。例如，帮助食堂的叔叔阿姨择菜、洗菜等，激发幼儿亲近食物、接纳食物的情感。

(五)活动评价

本活动通过游戏的方式，让幼儿能够保持高涨的学习兴趣，活动环节层层递进，引导幼儿掌握食物的营养价值，帮助幼儿了解不同食物的营养价值对身体的益处是不一样的，从而养成良好的饮食习惯。

(六)活动延伸

根据《食物王国的色彩精灵》一书，在班级中设置“健康王国”，让幼儿了解更多食物的营养价值及其对身体的益处。

在家庭中，父母可给予幼儿帮厨的机会，在帮厨的过程中，父母可向幼儿介绍常见食物的名称及营养价值，让幼儿在动手操作的过程中增加对健康食物的喜爱之情。

（七）参考资源

1. 蔬菜爷爷、水果奶奶和谷物姐姐的图片

蔬菜爷爷

水果奶奶

谷物姐姐

2. 拓展阅读

[奥]布丽吉特 · 威宁格(文)，[德]安妮 · 默勒(图). 谢谢你，好吃的面包！. 喻之晓，译. 天津：新蕾出版社，2019.

[日]吉田隆子(文)，[日]濑边雅之(图). 食物王国的色彩精灵 . 彭懿，周龙梅，译 . 北京：清华大学出版社，2016.

小班活动 3：我会自己吃饭

（一）活动背景

小班幼儿年龄较小，自理能力较差，在进餐时虽已产生自主进餐的意识，但由于刚刚脱离家庭的照顾，还没有完全掌握安全进餐的方法，容易出现边说话边用餐、消极等待、独立进餐困难等问题。这些行为不仅影响幼儿的消化，而且容易使幼儿有被呛到的危险。因此，正确的进餐习惯对幼儿的安全尤为重要，我们应引导幼儿在进餐时细嚼慢咽、不说话、不玩闹，学会安全进餐的方法。

（二）活动目标

第一，学习安全进餐的方法，包括细嚼慢咽、安静用餐等。

第二，会正确、熟练地使用勺子吃饭。

第三，知道安全进餐对身体有好处。

(三)活动准备

第一，舒缓的音乐，食物筐三个，餐盘、勺子每人各一份，食物(小饼干、小柿子、奶豆)若干。

第二，场地布置：将场地布置成午餐会现场，并分为三组，分别为每组准备一筐食物。

(四)活动过程

1. 播放视频，吸引幼儿兴趣并引导幼儿讨论安全进餐的方式

教师与幼儿共同讨论安全进餐的方式：细嚼慢咽、安静用餐、正确使用餐具。

2. 播放音乐，带入情境

师：小朋友们，今天是世界食品安全日，食品安全员想看看小朋友们知不知道安全进餐的方法，所以他邀请我们跟他共进午餐，我们赶快出发吧！

教师带领幼儿跟随音乐走到餐桌处用餐。

3. 学习安全进餐的方法

配班教师出场。

师：欢迎小朋友来参加食品安全员的午餐会，今天的第一道食物是小饼干，小朋友们需要用正确的姿势握勺，将三块小饼干一个一个、一口一口地吃到肚子里。

第二道食物是小柿子，将三个小柿子一个一个、一口一口地吃到肚子里。

第三道食物是奶豆，将五个奶豆一个一个、一口一口地吃到肚子里。

在幼儿进餐的过程中，教师播放舒缓的音乐，提示幼儿慢慢吃，保持安静，吃完一种食物后再吃下一种食物。

4. 午餐会结束，简单整理

教师引导幼儿简单收拾餐盘和餐桌，为幼儿分发安全进餐小勋章。

(五)活动评价

本活动通过情境设置和让幼儿亲身体验的方式，激发幼儿参与的兴趣，提高幼儿参与度，活动的设计符合小班幼儿直接获得经验的年龄特点，在与食品安全员互动的过程中帮助幼儿掌握了安全用餐的技能。

（六）活动延伸

1. 一日生活延伸

与幼儿共同制定进餐规则，并选出每日安全进餐小明星。

在用餐时，时刻提醒幼儿：用正确的姿势握勺、安静用餐、不玩餐具等。

2. 游戏“我是用勺小能手”

材料准备：勺子一把，碗两个(不同颜色)，大小不一的球若干。

玩法：教师引导幼儿用勺子将球从一个碗舀到另一个碗里。

3. 区域活动延伸

生活区：投放“喂小动物吃饭”的玩教具，注意指导幼儿握勺的姿势，“食物”材料的投放可根据幼儿的掌握情况逐渐增加难度。

娃娃家：增设用餐区，开展关于“安全进餐”的游戏，巩固幼儿活动中学习到的经验。

（七）参考资源

1. 正确的握勺姿势

2. 安全小儿歌

吃饭歌

小餐盘，我扶好，
小勺子，我拿牢。
一口一口慢慢吃，
安静吃饭不呛到。

小班活动4：它们能吃吗

(一)活动背景

小班幼儿好奇心较强，容易对色彩鲜艳的小物品产生兴趣，喜欢用嘴巴来探索世界，缺乏判断力，喜欢乱吞东西，对于误食会造成的后果经验不足。本活动通过让幼儿在情境游戏中动手操作和体验的方式，提高幼儿的饮食安全意识，避免误食，防止危险的发生。

(二)活动目标

第一，能够区分出生活中常见的一些小件物品，如纽扣、玻璃球等不能食用，也不能放入口中。

第二，尝试自己制作禁止食用物品的安全提示标记，提高安全意识。

(三)活动准备

第一，自制饮食安全小精灵。

第二，盛食物的容器若干。

第三，带皮水果、坚果等若干。

第四，纽扣、玻璃球等若干。

第五，纸、笔若干。

(四)活动过程

1. 出示饮食安全小精灵玩偶，吸引幼儿注意

(1)饮食安全小精灵：小朋友们，欢迎你们来参加食品王国的宴会，但是在宴会开始之前发生了一件事情，需要小朋友们的帮助。

(2)饮食安全小精灵：在宴会开始之前，我们发现在已经做好的食物中混入了一些不能吃的东西，需要小朋友们帮忙找出来，保障我们的饮食安全。

2. 幼儿进行操作，找出容易误食的小物品

(1)饮食安全小精灵：小朋友们，要仔细查看盘子中的食物，把混入的不能吃的小物品找出来。

(2)饮食安全小精灵：你们可真棒啊，把不能吃的小物品都找出来了，你们知道它们都是什么吗？

师幼共同小结上述物品的名称及用途。

(3)师幼共同讨论生活中容易被误食的物品及其危害(如卡喉、肚子疼、中毒等)。

3. 幼儿自主制作禁止食用物品的安全提示标记

饮食安全小精灵：小朋友们，我们生活中有许多容易被误食的物品，让我们来设计一个禁止食用的安全标志，提示大家避免误食。

4. 活动小结

饮食安全小精灵：小朋友们，以后看到自己不认识的东西，即使它看起来很好看，闻起来也很香，也千万不要吃，而是先和大人一起确认一下是否可以食用，要保护好自己的安全。

（五）活动评价

本活动很好地实现了活动预设的目标，让幼儿在轻松愉快的氛围中自由表达想法，通过讨论、操作和亲自参与活动，提高了安全意识。

（六）活动延伸

请家长陪同幼儿在家中共同寻找容易误食的小物品，并制作提示标志。

（七）参考资源

饮食安全小精灵(导入环节出示此图片)。

五、 主题单元幼儿表现评估

主题__________

班级__________　　幼儿姓名__________　　教师姓名__________

评价者__________　　日期__________

评估准则：完全掌握或做到 4 分；有时掌握或做到 3 分；初步掌握或偶尔做到 2 分；暂未掌握或做不到 1 分。

学习目标	具体表现	4	3	2	1
1. 初步掌握常见食物的名称、特征及营养价值。					
2. 知道有营养的食物能使自己健康成长，养成不挑食的好习惯。					
3. 学习安全进餐的方法。					
4. 了解由饮食不当引发的疾病及自我预防的方法，了解误食的危害。					
5. 喜欢吃健康食品，能主动、愉快地进餐。					

小班自然灾害防范安全

一、 主题单元背景资料

3~4岁幼儿对新鲜事物具有强烈的好奇心，对周围世界充满浓厚的兴趣，喜欢向成人提出各种各样的问题，喜欢模仿，会通过模仿习得经验，养成良好的习惯。这一时期的幼儿喜欢说，能用简单的言语向别人表达自己的感受和需要，会感受情境，会表示同情，在成人的启发下，会做出安慰、关心、帮助等关切他人的行为。

《幼儿园教育指导纲要(试行)》明确指出："幼儿园的教育内容是全面的、启蒙性的。"自然灾害是幼儿生活中不可抵挡的自然现象，让其认识常见的自然灾害，并学会一些简单的自救、求救方法是幼儿园教育的重要内容。本主题单元以自然灾害防范安全为切入点，基于小班幼儿的年龄特点，通过模仿、游戏等方式，从不同的角度让幼儿感知几种自然灾害的典型特征；通过关心、帮助遭遇自然灾害的小动物，让幼儿获得情感共鸣，提升移情能力；通过模仿、演练等方式，让幼儿习得安全知识及防护技能，为后续学习奠定基础。

二、 主题单元目标

第一，初步感知台风、暴雨、冰雪、雷电、冰雹、洪水、泥石流、地震等自然灾害的典型特征及危害。

第二，知道获得有关自然灾害天气状况的基本途径。

第三，面对自然灾害，不害怕，会采取一定的行动保护自己。

第四，初步了解人们防范自然灾害的相关行动。

第五，能镇定地参与逃生演练。

三、 主题单元环境创设

（一）墙饰创设

结合“小班自然灾害防范安全”主题的目标与内容，墙饰分为五个板块。

1. 台风暴雨后的小动物

请家长与幼儿一起关注台风暴雨天气的相关报道，并鼓励幼儿用自己的方式记录和展示；准备躲避在窗角的小鸟、躲避在车底的小狗以及人们救援小动物的图片等，张贴于主题墙，见活动“台风暴雨后的小动物”。

2. 雪娃娃与冰娃娃

家园共同收集幼儿玩雪或玩冰的照片，以及棉袄、手套、围巾、帽子、护肤霜等的图片，供幼儿展示并分享，见活动“雪娃娃与冰娃娃”。

3. 雷电与冰雹

请家长与幼儿一起回顾遭遇雷电和冰雹天气的经历，并将收集的雷电与冰雹的相关图片张贴于主题墙。教师展示幼儿玩“看谁反应快”游戏时的掠影，并图文并茂地展示游戏的规则，供幼儿相互欣赏与交流，供家长观看与学习，为家长掌握游戏规则，与幼儿一起游戏提供支持，见活动“雷电与冰雹”。

4. 洪水与泥石流的危害

邀请家长带幼儿关注洪水与泥石流的相关报道及人们的治理之策，将收集的资料分类，以儿童化的方式张贴，拓展幼儿的认知，为其相互交流提供支持，见活动“洪水与泥石流的危害”。

5. 地震逃生演练

教师将组织幼儿进行“室内遇震，就地躲避”演练的照片及时展示于主题墙，供幼儿交流及相互学习；请家长与幼儿一起在家进行地震逃生演练，并将演练照片交于班级教师，班级教师将其布置在班级主题墙上，见活动“地震逃生演练”。

（二）区域活动

1. 语言区

提供有关自然灾害的影视资料，供幼儿观看。

提供模拟生活场景的操作台，人物玩偶，自然灾害时自救、求救的图片，供幼儿自主操作与讲述。

提供与自然灾害相关的绘本，供幼儿自主阅读。

2. 科学区

提供有关台风、暴雨、冰雪、雷电、冰雹、洪水、泥石流、地震等自然灾害形成、防范等的科普类材料，供幼儿操作与交流，感知自然灾害的基本特性。

3. 表演区

提供小鸭子、小羊的叫声音频，《泥石流的危害》《洪水的危害》的剪辑视频，小鸭子、小羊玩偶，遭遇泥石流袭击的场景图片等材料，供幼儿自主扮演角色，进行表演，在角色扮演中增强遇到自然灾害时的自我保护意识。

提供电影《唐山大地震》相关片段；大班幼儿进行地震逃生演练的照片（内容：保护头颈部——低头，用手护住头部或后颈，用身边的物品如书包、被褥、沙发垫等顶在头上；保护眼睛——低头、闭眼，以防异物侵入）和视频；警报声音频；玩具手机等，供幼儿自主进行地震逃生演练。

（三）班级文化

1. 带动幼儿与家人的共同活动，增进亲子关系

小班幼儿仍然十分依恋父母，尤其需要得到父母的拥抱、拍拍、摸摸等的爱抚。通过让家长与幼儿一起关注有关自然灾害的报道，收集自然灾害的有关资料，玩防范自然灾害的游戏，或进行防灾演练，促进家长和幼儿相互表达关爱之情，让亲子关系得以增进的同时，强化幼儿对自然灾害的关注与了解。

2. 引发幼儿对同伴、教师产生认同感、亲切感

小班幼儿会经常用动作引起老师的注意，表达对老师的亲近、与老师交往的意愿，他们开始认同、接纳同伴。通过与同伴、老师共同游戏，一起演练，

以活动的方式增进彼此的亲切感；通过对环境布置的提示、说说与同伴发生的事情等，逐渐地接纳、认同同伴，进而增强对班集体的热爱之情。

四、 主题单元教育活动方案

小班活动 1：台风暴雨后的小动物

（一）活动背景

小班幼儿喜欢亲近自然、喜爱小动物，对周围很多事物和现象充满了好奇。台风暴雨作为夏季常见的自然现象，幼儿已有一定的感知经验。但由于年龄小，幼儿在经历此类天气时常常处于被动保护的状态，自我保护意识有待进一步提高。本活动通过视频导入、图片分享、共情表达等方式，引导幼儿对遭遇台风暴雨的小动物产生同情之心，并初步感知自我保护的措施。

（二）活动目标

第一，对遭遇台风暴雨的小动物有怜悯之情，愿意帮助受难的小动物。

第二，初步了解台风暴雨天气的典型特征和危害。

第三，能在成人的帮助下采取一定的措施保护自己。

（三）活动准备

第一，视频《台风暴雨》；图片：躲避在窗角的小鸟、躲避在车底的小狗以及人们救援小动物等；音频《台风暴雨》；场地内画一个大圈。

第二，幼儿有过和家长一起关注台风暴雨天气的经历。

（四）活动过程

1. 观看《台风暴雨》视频，感知台风暴雨天气的典型特征

教师请幼儿观看视频，说说从视频里看到了什么、听到了什么。

引导幼儿回顾：在生活中，你见过这种天气吗？当时心里觉得怎么样？

小结：台风暴雨天气一般在夏天的时候出现得比较多。

2. 逐一观察台风暴雨中的小动物的图片，感知小动物的困境

教师请幼儿观察图片。

师：这是谁？发生了什么事？

小结：台风的风力很大，吹落了小鸟树上的家；暴雨打湿了小鸟的翅膀，使它无法飞翔，它只好躲在窗角；小狗也被风吹得躲到了车底下，可是，躲在车底的小狗，也十分危险。

3. 讨论遭遇台风暴雨天气时的自我保护措施

师：当台风暴雨来临的时候，我们应该怎么办呢？

教师与幼儿共同讨论自我保护措施。

小结：当我们遇到台风暴雨天气时，要赶快回到家里和爸爸妈妈或爷爷奶奶在一起，关好门窗，不能再在外面玩了。

4. 讨论在台风暴雨过后如何帮助小动物

师：当台风暴雨过后，很多小动物无家可归，甚至没有食物吃，我们可以怎么帮助它们？

小结：台风暴雨过后，我们可以在大人的引领下，参与寻找无家可归的小动物，然后联系有关机构或部门。

5. 玩“台风暴雨来了”游戏，进一步增强自我防护意识

教师交代游戏玩法和规则。

玩法：幼儿在场地大圈内自由玩耍，教师在圈外观察。当音频《台风暴雨》响起时，幼儿边说“台风暴雨来了”边快速回到圈外的“家”中（椅子上）坐好，并做出关门关窗的动作。

规则：音频响起时，全体幼儿须快速回到圈外的“家”中（椅子上）坐好，音乐停，教师检查幼儿“回家”（坐椅子）的情况，并及时给予指导。

教师与幼儿共同游戏，教师适时点评。

幼儿游戏，教师巡回观察、指导。

小结：当台风暴雨来临时，如果我们在室外，就要迅速返回家中，不在游戏场地逗留、不停留在大树下等。如果我们在室内，不要害怕，和爸爸妈妈一起关紧门窗。

（五）活动评价

本活动通过引导幼儿观看台风暴雨天气的视频，使幼儿直观感知了台风暴雨的典型特征；通过图片分享，使其萌发了对遭遇台风暴雨后的小动物的怜悯之情，愿意在台风暴雨过后帮助受灾的小动物，知道在台风暴雨来临时要保护自己。

（六）活动延伸

1. 区域活动延伸

将活动过程中使用到的图片投放到表演区，引导幼儿通过角色扮演体验救援和照顾小动物的感受。

2. 家庭亲子活动延伸

请家长带幼儿继续了解台风暴雨对小动物及人们生活的不利影响，积极收集当台风暴雨来临时保护小动物和自我防护的方法。

小班活动 2：雪娃娃与冰娃娃

（一）活动背景

玩雪和玩冰是大部分北方幼儿期待冬天到来的原因之一。在幼儿已有的生活经验中，洁白的雪可以堆雪人、滚雪球，滑滑的冰可以溜冰……这让每个幼儿对雪和冰充满了期待。但是对于小班幼儿来说，具备初步的保健常识和方法，使他们在玩的同时做好自我保护是非常重要的。本活动通过家园收集资料、观察图片并讨论、集体交流、情境表演等方式，引导幼儿积极探索冰雪天气中自我保护和驱寒的方法。

（二）活动目标

第一，乐于与同伴分享自己对雪和冰的认识。

第二，了解冰雪天气中简单的保健常识和方法，如护肤、戴手套等。

第三，能积极探索并体验驱除寒冷的好方法，如锻炼等。

（三）活动准备

第一，家园共同收集幼儿玩雪或玩冰的照片、视频；幼儿感冒、涂抹护肤霜的图或视频；棉袄、手套、围巾、帽子等冬季用品若干。

第二，幼儿初步感知过雪和冰，知道冬天会下雪、结冰。

（四）活动过程

1. 观察家园共同收集的照片或视频，回顾并了解雪、冰的典型特征

教师出示某个幼儿带来的照片/视频。

师：照片/视频中有什么？这是哪个小朋友带来的？请说说你玩的雪/冰是什么样的。玩的时候心情怎么样？

幼儿拿出从家中带来的玩雪/冰的照片，自由分享与交流。

小结：下雪天，我们可以在洁白的雪地里堆雪人、打雪仗；可以在滑滑的、凉凉的、硬硬的冰上面滑冰、玩冰车等。但是，冰雪天气，特别冷，我们在开心玩耍的同时，也要保护好自己、注意保暖。

2. 回顾交流，了解冰雪天气中简单的保健常识和方法

教师出示打喷嚏、吃药的图片或视频。

师：他们怎么了？为什么会这样？你们在玩雪滑冰之后有没有感冒呀？是怎样保护自己、不怕冷的呢？

教师和幼儿共同讨论图中的幼儿分别是如何保暖的，穿了怎样的服装。

幼儿增加衣物，亲身体验穿上棉袄，戴上手套、围巾、帽子后的感受。

教师出示涂抹护肤品的图片。

师：她在做什么？为什么要这样做？

幼儿体验涂抹护肤霜。

师：涂上护肤霜后有什么感觉？

小结：冰雪天气，可以穿棉袄，戴手套、围巾、帽子保暖，还可以涂护肤霜保护皮肤。

3. 分享讨论，积极探索驱除寒冷的好方法

师：冰雪天气，除了穿、戴厚厚的衣物保暖，还有什么办法能让我们的身体变暖和呢？

幼儿自由分享，教师巡回倾听。

师：冰雪天气，在家里或者与爸爸妈妈一起外出的时候，是怎么样取暖的？

小结：冰雪天气，可以用烤火、开暖气等方式取暖，但一定要注意安全，要在爸爸妈妈的帮助下使用；还可以通过运动让身体变暖和，如跑步、跳跃等。

4. 师幼情境表演，巩固、体验驱寒保暖的好方法

情境一：冰雪天气，一个教师表演早上起床整理着装，如穿短袖、戴帽子等，请幼儿判断着装是否正确。

情境二：冰雪天气，一个教师扮演从户外回家全身冷得哆嗦，请小朋友们想办法让她变得暖和起来，并请幼儿一起体验这个变暖和的方法。

教师请幼儿加入表演，使其进一步巩固掌握驱寒保暖的方法。

（五）活动评价

本活动通过引导幼儿与家长共同收集有关资料，唤起幼儿的已有经验，激发其对活动的兴趣；通过亲身体验与情境表演等方式，使幼儿感知在冰雪天气中的自我保护和驱寒保暖的方法。

（六）活动延伸

语言区：投放家园共同收集的幼儿玩雪和玩冰的照片，投放相关绘本，如《不怕冷的大衣》，供幼儿继续交流与回顾。

表演区：投放厚衣服、围巾、帽子等保暖驱寒物品，供幼儿情境扮演、巩固经验。

生活区：投放护肤霜，引导幼儿在洗手、洗脸等环节后，自主涂抹。

小班活动 3：雷电与冰雹

（一）活动背景

小班幼儿喜欢大自然，对周围的很多事物和现象充满了好奇，对天气有一定的感知，但缺乏对异常天气的认知。在面对生活中的雷电和冰雹天气时，幼儿不知如何应对，更不知正确的应对方法，甚至有些幼儿有惧怕的心理。为了让幼儿对雷电冰雹天气有初步的了解，在不惧怕的同时，会采取简单的安全行为，特设计本活动。

（二）活动目标

第一，了解雷电冰雹气象特征，在成人的提醒下能说说自己的相关经历。

第二，知道了解雷电冰雹天气状况的途径。

第三，不惧怕雷电冰雹，会采取一定的行动保护自己。

（三）活动准备

第一，剪辑视频：雷电、天气预报；图片：因受冰雹袭击挡风玻璃受损的车辆，晴天、雷阵雨、冰雹的天气符号；场地内画一个大圈；幼儿用桌若干。

第二，幼儿有过遭遇雷电和冰雹天气的经历。

（四）活动过程

1. 观看有关雷电的短视频，了解雷电天气的典型特征

师：你从视频里看到了什么？听到了什么？

回顾交流：生活中，你听到过雷声、看到过闪电吗？闪电是什么样的？当时你害怕吗？为什么？

小结：天空中，轰隆隆的响声是雷声，一闪而过地白花花的“树枝”是闪电。有雷声和闪电，有时还伴有大风大雨的天气是雷电天气。

2. 观察图片，了解冰雹天气的典型特征

师：这些西瓜怎么了？这辆车的挡风玻璃为什么会坏？是被什么砸坏的呢？

回顾交流：你见过冰雹吗？它是什么样子的？喜欢它吗？为什么？

小结：冰雹是很大颗粒的冰珠，有时比鸡蛋还要大，有很强的破坏力。

3. 观察图片，认识雷阵雨与冰雹天气的符号

师：我们怎样才能知道会有雷电和冰雹天气呢？

教师请幼儿观察图片，认识两种天气的符号。

讨论：如果你正在户外玩耍，遇到雷电或冰雹天气，你会怎么做？

小结：雷电和冰雹发生时，不要害怕，赶快回家或找安全的地方躲起来。

4. 玩“看谁反应快”游戏，学习采取一定的行动保护自己

教师交代游戏玩法和规则。

玩法：幼儿在场地内的大圈里自由玩耍，教师在大圈外随机出示不同的天气符号，幼儿根据天气符号说“××来了”并做出相应的行为。晴天天气符号——幼儿在圈内自由活动，雷电或冰雹天气符号——幼儿迅速躲在圈外的“家”中（幼儿用桌）。

规则：天气符号切换前，全体幼儿在相应的场地活动或躲避，游戏才继续。

教师与幼儿共同游戏，教师适时点评。

幼儿游戏，教师巡回观察、指导。

师幼小结，结束活动。

（五）活动评价

本活动通过让幼儿观看短视频，使其感知雷电冰雹天气的典型特征；通过西瓜、汽车等的受损，使其对自然灾害产生敬畏之情，进而增强了其在自然灾害中积极采取行动保护自己的意识。

（六）活动延伸

在语言区或科学区投放晴天、雷电、冰雹天气符号等的材料，供幼儿巩固认识及自主讲述。

等待离园时可组织幼儿玩“看谁反应快”游戏。

通过家园联系栏或班级微信群，让家长明晰游戏“看谁反应快”的玩法及规则，并倡议家长带幼儿一起游戏。

（七）参考资源

1. 安全常识

雷电和冰雹发生时，应尽量避免到室外活动；在室外遇到雷雨天气时，如果躲避不及，不要靠近铁塔、烟囱、电线杆等高大物体，更不要躲在大树下或者到孤立的棚子和小屋里避雨，尤其不要到江、河、湖、塘等水面附近活动。

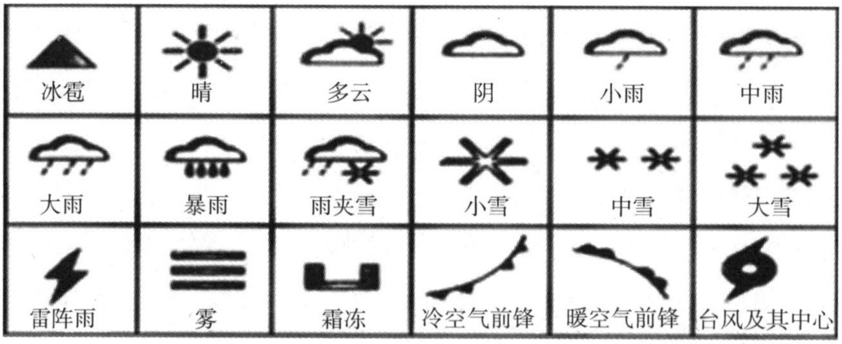

2. 相关图片——部分天气符号

小班活动 4：洪水与泥石流的危害

（一）活动背景

小班幼儿对小动物有喜爱之情，且乐于接受一些小任务。但因为对泥石流及洪灾两种自然灾害缺乏认知，所以对遭遇自然灾害的小动物关注较少。本活动以帮助常见的小动物为切入点，帮助幼儿认识泥石流及洪灾两种自然灾害，初步了解其危害及人们的防范行为，进而对受灾的小动物产生怜悯之情，同时强化自身安全意识。

（二）活动目标

第一，感知洪水和泥石流两种自然灾害的典型特征。

第二，对遭遇洪水及泥石流灾害的小动物有怜悯之情，并愿意帮助它们。

第三，初步了解人们防范洪水、治理泥石流的相关行动。

（三）活动准备

第一，音频：小鸭子、小羊的叫声；剪辑视频：《泥石流的危害》《洪水的危害》；玩偶：小鸭子、小羊各一只；图片：遭遇泥石流袭击的场景图片。

第二，请家长带幼儿关注泥石流与洪灾的相关报道及人们的治理之策。

（四）活动过程

1. 播放小鸭子叫声的音频，导入活动

师：这是谁的叫声？小鸭子为什么这么着急呢？

2. 观看遭遇泥石流袭击的场景图片及相关视频，认识泥石流灾害

(1) 出示泥石流灾害图。

师：你看到这些图片时心里是怎么想的？小鸭子的家怎么了？

(2) 请幼儿观看视频《泥石流的危害》。

师：你从视频中看到了什么？

小结：很多砂石泥土突然迅速从山坡上流下来，它们破坏了房子、道路、庄稼等，如果人和动物躲避不及时，也会被掩埋，这是一种很严重的自然灾害，它叫泥石流。小鸭子的家就是被泥石流破坏了，现在小鸭子无家可归了，怪不得这么着急。你们愿意帮助它吗？

3. 观看洪水视频，认识洪水灾害

(1) 播放小羊叫声的音频。

师：这又是谁的叫声？小羊为什么这么着急呢？

(2) 请幼儿观看洪水视频。

师：你从视频中看到了什么？小羊的家怎么了？

小结：很多很多的水冲进人们生活的地方，把房子、道路、庄稼等所有东西淹没、浸泡，这也是一种很严重的自然灾害，它叫洪水。小羊的家就是被洪水淹没、浸泡了，现在小羊也无家可归了，怪不得这么着急。你们愿意帮助它吗？

4. 出示小鸭子和小羊玩偶，引导幼儿讨论帮助小鸭子和小羊的方法

师：你们有什么办法可以帮助小鸭子和小羊？

幼儿分成两组，自主选择愿意帮助的小动物，教师与配班教师分别带领一组幼儿，引导幼儿说说帮助小鸭子和小羊的办法，并采取一定的行动。

5. 与同伴说说自己知道的人们防范洪水、治理泥石流的相关行动，结束活动

（五）活动评价

本活动以小动物遭遇泥石流的场景导入主题，充分激发了幼儿对受灾小动物的怜悯之情，也引发了他们对洪水与泥石流灾害的关注；再利用分组的方式，让幼儿充分讨论了帮助小动物的方法，并能及时得到教师的回应，进而强化了其对洪水与泥石流灾害的认识。

（六）活动延伸

将小鸭子、小羊玩偶投放在生活区、建构区，供幼儿利用相关材料“照顾”小动物，并为其建新“家”。

通过家园联系栏或班级微信群，邀请家长带幼儿进一步关注泥石流与洪水的相关报道及人们的治理之策。

小记者活动：激发幼儿当小记者的兴趣，愿意“采访”家长——为什么会发生洪水或泥石流灾害？

小班活动 5：地震逃生演练

（一）活动背景

《3—6 岁儿童学习与发展指南》明确指出：“幼儿园应定期进行火灾、地震等自然灾害的逃生演习。”毋庸置疑，无论哪一类自然灾害的逃生演习，各年龄段幼儿在逃生演习中所表现的逃生能力是呈现梯度上升的。基于小班幼儿爱模仿等年龄特点，以及 3~4 岁末期“在成人提醒下能保护自己，不做危险的事”等学习与发展目标，本活动以“观察大班幼儿逃生的照片和视频”为切入点，引发幼儿对地震自然灾害的关注，并通过说一说、模仿大班幼儿的行为，习得就近躲避的自救方法。基于此，本活动通过实地演练，巩固、运用习得的方法，让幼儿亲历从感知到行为的过程，随后，又通过帮助幼儿回顾逃生过程，说一说自己做了什么，怎么做的，在进一步强化幼儿正确的行为的同时，让幼儿为自己的正确的行为感到高兴。

（二）活动目标

第一，初步了解地震灾害的典型特征及危害。

第二，镇定地参与地震逃生演练。

第三，尝试表达地震发生时应采取的正确做法，学习基本的自救方法。

（三）活动准备

第一，电影《唐山大地震》相关片段；大班幼儿进行地震逃生演练的照片（内容：保护头颈部——低头，用手护住头部或后颈，用身边的物品如书包、被褥、沙发垫等顶在头上；保护眼睛——低头、闭眼，以防异物侵入）和视频；警报声音频；玩具手机。

第二，幼儿观看过大班幼儿进行的地震逃生演练视频。

（四）活动过程

1. 出示大班幼儿在进行地震逃生演练过程中的应急行为照片和视频，导入活动

（1）依次出示照片，引导幼儿仔细观察。

师：你看到了什么？哥哥姐姐和平常有什么不一样？

（2）播放视频，引导幼儿感知逃生的过程。

师：哥哥姐姐们为什么要这样做呢？你知道地震吗？地震会给人们带来什么危害？哥哥姐姐们的速度怎么样？他们最后跑到哪儿了呢？

小结：地震发生了，要护住头部和颈部，迅速地逃离到空旷的地方。

2. 观看电影《唐山大地震》相关片段，了解地震灾害的典型特征

师：你看到了什么？有什么感受？地震给人们带来了什么危害？

小结：地震能毁坏房子、道路等，倒塌下来的东西能掩埋人、动物、植物，常常使很多人、动物受伤，甚至死亡。

3. 借鉴大班幼儿的经验，学习基本的自救方法

说一说：如果我们正在活动室玩游戏，地震来了，你会害怕吗？你会怎样做？躲在哪里？为什么？

学一学：学习躲避过程中保护头颈、眼睛、口鼻的方法(重点引导幼儿学习护头颈的动作与捂口鼻的方法)。

4. 模拟逃生演练，巩固、运用学习的方法

演练要求：幼儿在活动室四散活动，听到警报声，教师迅速到活动室门口提醒幼儿迅速找到合适的地方躲起来(蹲下、坐下或趴下，尽量蜷曲身体)，注意保护头颈、眼睛。警报解除，演练结束，幼儿在原地保持不动，教师为幼儿拍照记录。

(1)带领幼儿进行逃生演练。

(2)结合拍摄的照片，引导幼儿回顾躲避过程，小结、评价演练情况，及时肯定幼儿采取的正确方法。

师："地震"来了，你躲在哪里？为什么躲在那里？你是怎么躲的？

(五)活动评价

首先，本活动通过让幼儿观看大班幼儿地震逃生演练的照片和视频，充分调动了幼儿参与活动、学习自救方法的兴趣；其次，通过模拟逃生演练，让其巩固了学到的方法；最后，通过回顾、讨论，强化了其在紧急情况下采取正确方法的认识。

(六)活动延伸

结合一日生活，多次组织幼儿进行"室内遇震，就地躲避"的演练。

将幼儿演练时的照片贴在班级主题墙上，供幼儿向同伴讲述、相互学习。

将幼儿演练时的照片做成电子相册，通过班级微信群，请家长引导幼儿一起回顾，并与幼儿在家一起进行"地震逃生"演练，将演练照片交给班级教师，供班级教师将其布置在主题墙上。

五、 主题单元幼儿表现评估

主题__________

班级__________　　　　幼儿姓名__________　　　　教师姓名__________

评价者__________　　　日期__________

评估准则：完全掌握或做到 4 分；有时掌握或做到 3 分；初步掌握或偶尔做到 2 分；暂未掌握或做不到 1 分。

学习目标	具体表现	4	3	2	1
1. 初步感知台风、暴雨、冰雪、雷电、冰雹、洪水、泥石流、地震等自然灾害的典型特征及危害。					
2. 知道获得有关自然灾害天气状况的基本途径。					
3. 面对自然灾害，不害怕，会采取一定的行动保护自己。					
4. 初步了解人们防范自然灾害的相关行动。					
5. 能镇定地参与逃生演练。					

小班身体安全

一、主题单元背景资料

安全教育是幼儿教育中最基本、最重要的内容，其中身体安全教育是重中之重。对于小班幼儿来说，一方面，他们对眼睛、耳朵、嘴巴等身体部位的认识存在不足，尚未形成预知行为后果的意识；另一方面，其身体极易因摩擦、摔倒等原因而受到伤害。因此，为了帮助幼儿认识身体各部位、萌发保护身体的意识，从小班入园起就应循序渐进地开展身体安全教育，为幼儿身体健康成长奠定基础。

本主题单元通过创设轻松、生活化的环境，围绕幼儿主要的身体部位，如眼睛、嘴巴、鼻子、手等，借助生动的故事、有趣的游戏等方式让幼儿了解其在身体中的位置、外形特点及作用，在认识身体部位的基础上初步萌发保护身体各部位的意识。

二、主题单元目标

第一，对身体部位感到好奇，初步认识眼睛、耳朵、鼻子、嘴巴、手等在身体中的位置与其主要功能。

第二，初步认识身体的隐私部位，知道要保护隐私部位。

第三，学习一些保护身体部位的简单方法。

第四，在发生外伤时，会向有关人员寻求帮助。

三、 主题单元环境创设

（一）墙饰创设

根据本主题单元的目标及内容，考虑到小班幼儿的思维发展正从直觉形象思维向具体形象思维过渡，为满足这一阶段幼儿的好奇心以及动手操作的欲望，从可操作性以及形象性两方面出发，创设以认识五官为重点的“有用的身体”中心大主题板块，使幼儿与主题环境创设产生良性互动，并产生四个分支板块：

1. 眼鼻耳口用处多

以泡沫板为背景，用简笔画或照片的形式分别做出眼睛(包括眉毛)、鼻子、嘴巴、耳朵四块小展示板贴在此板块中，将幼儿与家长共同探寻五官用途的照片分类展示在四块小展示板中，如家长让幼儿闻饭菜味道的照片就贴在“鼻子”小展示板中、家长带幼儿看书籍的照片就贴在“眼睛”小展示板中等，幼儿可以通过此板块与教师、同伴交流自己在家中发现的五官的用途。

2. 牙牙健康行

将幼儿刷牙的流程图(接杯水→挤牙膏、张开嘴→上颌牙从上往下刷→下颌牙从下往上刷→刷得满口起泡泡→用清水漱漱口)用彩色卡纸托底，将海绵垫剪成小块做成立体效果，把流程图按顺序陈列在此板块中。教师设置“健康牙齿”模板，记录幼儿早晚以及餐后的刷牙情况。

3. 我的小手真能干

用照片记录幼儿在园的值日行为以及自我服务行为，并展示在此板块中。通过本板块可以激励幼儿参与到为自己、为集体的服务中来。

4. 隐私部位要保护

展示男孩女孩穿着小裤衩儿、小背心的卡通形象，周围贴上男孩、女孩保护自己隐私部位的方法卡通图。

（二）区域活动

1. 美工区

提供不同颜色的已经做好的眼睛、耳朵、鼻子、嘴巴的超轻泥土模型，供幼儿自己捏出脸部造型，并将五官按照其位置摆在对应的位置上。

提供脸部简笔画图纸、水彩笔，让幼儿将五官分别涂色。

提供白纸、水粉颜料等，让幼儿把自己的手掌沾上不同颜色的水粉颜料印在白纸上，供幼儿对比自己与同伴手掌印画的样子，并说说相同与不同。教师与幼儿一起把图画剪下来展示在“我的小手真能干”板块。

2. 益智区

投放镜子若干块，让幼儿能够一边照镜子一边看一看、说一说自己的五官在哪里、长什么样子。

提供五张抹去五官的卡通人物图片；打印好五套眼睛(包括眉毛)、鼻子、嘴巴、耳朵，供幼儿自由搭配，将五官定位在卡通人物图片中。

投放不同物品的图片，如糖果、书本、电话、电视……让幼儿说一说要使用这些物品会用到自己身体的哪些部位，都是怎么用的。

3. 娃娃家

提供牙齿模型以及牙刷、牙膏，供幼儿根据主题墙展示的步骤尝试给模型刷牙。

4. 科学区

展示男孩女孩穿着小裤衩儿、小背心的卡通形象，让幼儿根据卡通形象初步了解隐私部位。

(三)班级文化

1. 引发幼儿对五官以及身体各个部位的关注

小班幼儿对自身五官的认识是模糊的，教师除了开展集体式的教育活动让幼儿对“五官”产生概念外，班级环境的配合也是加强幼儿对这一概念认识的重要方式之一。通过形象生动、贴近日常生活的主题墙设计，幼儿在潜移默化中感受身体部位的用处，从而引发对自己身体的关注，如将记录幼儿自我服务的照片展示于主题墙上，让幼儿感受自己小手的作用。

2. 引导幼儿初步建立保护五官以及身体各部位的意识，强调保护身体的重要性

关注之外是保护。小班的环境创设除了要让这一年龄阶段的幼儿关注自己的五官、身体，还要在教育中渗透“五官、身体保护”的理念，让幼儿从小学会

爱惜自己的身体、保护自己。朗朗上口的小歌谣，让幼儿在动手、动嘴间学会正确的刷牙方法。借生动有趣的卡通形象让幼儿在动手绘画的过程中学会简单的保护隐私部位的方法。

四、 主题单元教育活动方案

小班活动 1：我的亮眼睛

（一）活动背景

《幼儿园教育指导纲要（试行）》指出，要使幼儿“知道必要的安全保健常识，学习保护自己”。眼睛是心灵的窗户，也是幼儿观察世界的窗户，生活中处处离不开眼睛。小班幼儿已经在不知不觉中感受到了眼睛的作用，也对眼睛的位置和眼睛的用途有了初步的认知，然而小班幼儿年龄小，缺乏生活经验，这导致他们缺少保护眼睛的意识。本活动旨在通过有趣的游戏和幼儿的亲身体验，引导幼儿进一步加深对眼睛的位置和眼睛的用途的认知，感受眼睛的重要性，从而帮助他们萌发保护眼睛的意识，初步掌握用眼卫生。

（二）活动目标

第一，乐于参加集体活动。

第二，知道眼睛的位置及眼睛的用途。

第三，萌发保护眼睛的意识，懂得保护眼睛。

（三）活动准备

第一，每个幼儿一面小镜子。

第二，眼罩一个。

第三，小鱼玩偶一个。

第四，PPT 课件“红眼睛的小猫”。

第五，幼儿能说出五官的名称，知道眼睛是五官的一部分。

（四）活动过程

1.“亮眼睛在哪里”——激发幼儿参与活动的兴趣，认识眼睛的位置

教师与幼儿一边指一边说出五官的名字，引导幼儿了解眼睛的位置。

师：今天我们来玩“指五官”游戏。老师问眼睛在哪里，小朋友们就要很快地指出来，还要说眼睛在这里，准备好了吗？

小结：原来眼睛就长在我们的脸上，它在眉毛的下方，鼻子的上方。

2.“认识亮眼睛”——进一步加深幼儿对眼睛的认识，萌发幼儿保护眼睛的意识

请幼儿拿出小镜子仔细观察，边看边说，观察眼睛的结构并说出名称。

师：你的眼睛长的是什么样的呢？眼睛的上面有什么？眼睫毛有什么用处？中间黑黑的是什么？

小结：眼睛部位的最外部是眼睑，我们的眼睑可以眨；眼睑部位长有睫毛，睫毛可以遮挡灰尘；眼珠位于眼睑的内部，中间黑黑的是黑眼珠，黑眼珠周围的是白眼珠。让我们一起转转眼珠试一试。

师：刚刚你是用什么来照镜子的？如果闭上眼睛，你还能看到镜子吗？

小结：眼睛的本领真大！红红的小花、蓝蓝的天空、绿绿的小草、开心的笑脸——有了眼睛我们才能看见东西，所以我们都要爱护眼睛。

3.“眼睛怎么了”——引导幼儿认识不良用眼习惯的危害，树立保护眼睛的意识

(1)播放PPT课件“红眼睛的小猫”，使幼儿了解不良用眼习惯的危害。

师：老师带来了一个好听的故事，你们想不想知道小猫遇到了什么事？

(2)与幼儿共同阅读故事。

师：小猫的眼睛怎么了，为什么不舒服？

小结：小猫的手上有很多细菌，眼睛发痒时，小猫用脏手去揉眼睛，手上的细菌就进到眼睛里了。

(3)请幼儿轮流戴上眼罩，进行“蒙眼取物”游戏。游戏前明确游戏规则，游戏过程中保障幼儿安全。

师：小猫的眼睛看不清，它看不到好吃的小鱼在哪里。小猫想请你们帮忙拿到小鱼。但它有个特别的要求，要请小朋友戴上眼罩，看看谁能蒙着眼睛完成任务。

(4)游戏结束后进行集体交流，请幼儿分享戴上眼罩的感受，培养幼儿保护眼睛的意识。

师：你们刚刚戴上眼罩有什么感受？遮住了眼睛，你还能看得见吗？

小结：原来眼睛是很重要的，看不见东西是很不舒服而且很危险的，所以我们一定要好好爱护自己的眼睛。

4.“保护亮眼睛”——引导幼儿初步了解用眼卫生知识，增强幼儿保护眼睛的意识

（1）请幼儿思考讨论用眼卫生的方法。

师：你能帮小猫想想保护眼睛的方法吗？

（2）根据幼儿回答进行小结。

师：你们的办法真管用！我们要勤洗手，不用脏手揉眼睛，如果眼睛痒了，可以多眨眨眼或适当闭眼睛休息，眼睛不舒服要及时看医生。我们可以把这些方法分享给好朋友，让大家一起来保护眼睛，那样人人都会有亮眼睛。

（五）活动评价

本活动的导入充满趣味性，以游戏和实际操作贯穿活动始终，使幼儿对眼睛的位置有了清晰的认识。幼儿通过亲身体验感受了眼睛的用途，知道了眼睛对人的重要性。在集体讨论中，幼儿知道了不良用眼习惯的危害，初步掌握了用眼卫生，知道不用脏手揉眼睛。

（六）活动延伸

1. 本活动相关活动延伸

（1）请幼儿与家长以“特别的眼睛”为主题收集资料，并将收集的资料带回园进行交流展示，进一步加深幼儿观察眼睛的兴趣。

（2）请幼儿与家长以“我眼中的世界”为主题创作亲子笔记，并将收集的资料带回园进行交流展示，进一步加深幼儿对眼睛的用途及重要性的认识。

（3）在条件允许的情况下，邀请班上职业是医生的家长进园，开展家长进课堂活动，进一步向幼儿科普关于保护眼睛的知识。

（4）在条件允许的情况下，挖掘社区资源，组织幼儿到眼镜店进行参观，感受视力对生活的影响，以此进一步培养幼儿保护眼睛的意识。

2. 一日生活及游戏活动延伸

一日生活延伸：在一日生活中，教师可以组织幼儿进行手指游戏或朗读童谣，巩固幼儿对眼睛的位置的认识。

一日生活延伸：在一日生活中，教师随时提醒幼儿注意保护自己的视力，注意用眼卫生。若发现幼儿有不良的用眼习惯，可以及时进行随机教育。

游戏活动延伸：教师可组织幼儿玩“找一找”游戏，通过语言提示，请幼儿用眼睛找出教师指定的物品——“请你看看×××在哪里”“我看到了×××在那里”，让幼儿感受眼睛的用途。

3. 区域活动延伸

在区域游戏中投放操作学具“贴五官”，使幼儿在操作中加深对眼睛的位置的认识。

在区域游戏中展示各种用眼场景，让幼儿判断用眼是否正确，并说说理由。

4. 家庭亲子活动延伸

建议家长与幼儿一起郊游，观赏美丽的风景，在郊游过程中引导幼儿感受眼睛的用途及重要性。

向家长科普健康用眼知识，一起制定“护眼好习惯”承诺书，保证幼儿用眼健康。

建议家长在日常生活中有意识地引导幼儿注意用眼卫生，进一步培养幼儿保护眼睛的意识。

（七）参考资源

陈长海．眼睛看一看．济南：明天出版社，2018.

刘海华，蒋萍(文)，稚子文化(图)．眼睛宝宝亮晶晶．北京：化学工业出版社，2019.

金建华(文)，魏楠，等(图)．眼睛要休息．武汉：长江少年儿童出版社，2018.

小班活动 2：鼻子弟弟和耳朵哥哥

（一）活动背景

小班幼儿对于鼻子和耳朵已有初步的认识，知道它们在什么位置，但对于鼻子与耳朵的具体作用以及如何保护的经验并不丰富，而且由于幼儿对周边环境有强烈的好奇心，喜欢摸一摸、闻一闻等，还经常出现抠鼻子甚至将小东西塞进鼻子或者耳朵的行为，这些举止直接关乎幼儿的身体健康。本活动基于小班幼儿年龄特点与经验，将鼻子和耳朵联系起来，在认一认、摸一摸、玩一玩中引导幼儿认知鼻子和耳朵的外形特点与功能，感受鼻子和耳朵对自己的重要性，学习正确闻气味的方式及初步学会保护鼻子和耳朵的基本方法，萌发主动保护鼻子和耳朵的意识。

（二）活动目标

第一，初步知道耳朵和鼻子的外形特点和功能。

第二，学习用鼻子闻气味的方式，初步学会保护鼻子和耳朵的基本方法。

第三，感受鼻子和耳朵的重要性，知道主动保护鼻子和耳朵。

（三）活动准备

第一，小镜子若干。

第二，小猴子手偶。

第三，鼻子、耳朵、抠鼻子以及捂住耳朵的图片。

第四，装有香水、醋、风油精等具有不同气味物品的瓶子，少许棉花，不同动物叫声的音频。

第五，幼儿知道“中间”和“两边”的方位词，知道常见动物的叫声。

（四）活动过程

1. 游戏导入，引起幼儿对鼻子和耳朵的关注，认知鼻子和耳朵的部位

(1)组织幼儿玩“我会找”的游戏，在“××，××在哪里”的口令中，请幼儿找出自己的五官，特别是鼻子和耳朵，引入活动主题。

师：小朋友们，今天老师想和你们一起做游戏，考考你们对五官的认识，看看谁能找到，好不好？

游戏进行5~8遍，通过对五官特别是鼻子和耳朵的位置的寻找，调动幼儿的已有经验。

(2)请幼儿照照小镜子，并说一说自己的鼻子和耳朵在哪里。在游戏的基础上让幼儿拿起小镜子找一找自己的鼻子和耳朵在哪里，引导幼儿发现从正面照镜子就能发现鼻子，但是要侧着脸或者从侧面照小镜子才能看到耳朵的全貌，让幼儿知道并且能够说出鼻子在脸的中间，两只耳朵在脸的两边。

2. 摸摸看看，认知鼻子和耳朵的外形特点

(1)设置情境，引导幼儿进一步关注鼻子和耳朵。

师："刚才小朋友们能够正确找到自己的鼻子和耳朵，还能用嘴巴说出来它们分别在什么位置，你们的眼睛看得准，嘴巴也会表达。老师这里有一只小猴子，她的眼睛最近因为生病看不到东西了，只能用耳朵听，用鼻子闻，她觉得这两个器官非常重要，很想知道它们长什么样子，你们能帮助她吗？"

(2)请幼儿照一照小镜子，引导幼儿摸一摸自己的鼻子和耳朵有什么特点，并与同伴、教师一起交流分享。

(3)出示鼻子和耳朵的图片，师幼共同总结鼻子和耳朵的外形特点。

小结：我们的鼻子有两个孔，鼻子两边软中间硬，像一座小山；耳朵有两只，有的地方硬硬的，有的地方软软的，两只耳朵长得一样，像一把小扇子。

3. 玩玩学学，认知鼻子和耳朵的功能及保护方法

(1)延续情境。

师：感谢小朋友，让小猴子知道了自己的鼻子和耳朵长什么样子，在她的眼睛没有康复之前我们能不能继续帮助她学会保护自己的鼻子和耳朵？

(2)利用不同气味的物品引导幼儿认知鼻子可以闻气味，初步学习保护鼻子的方法。

情境1：小猴子家里有许多瓶子，她很想知道里面是什么，该怎么办。

①提供装有香水、醋、风油精等具有不同气味物品的瓶子，请个别幼儿闻气味，说一说感受。

②评价不同幼儿闻气味的方式，引导幼儿思考怎样做才不会被呛到，即学习与物品保持一定距离，同时用手扇动闻气味(尤其是当个别幼儿因靠得太近导致被气味呛到时，抓住契机强调方法)。

③请个别幼儿捏住鼻子闻气味，说一说感受。引导幼儿思考为何闻不到气味，即认知当鼻子被捏住或者被物体堵塞时闻不到气味，强调不能用力捏鼻子、不能随意将物体放进鼻子里。

小结：鼻子可以识别不同气味，要用正确的方式闻气味，不然就会被呛到；当鼻子被堵住时便闻不到气味，不能随意堵塞，要保护它。

(3)教师利用不同的声响引导幼儿认知耳朵可以听声音，初步学习保护耳朵的方法。

情境2：小猴子要出门，如何辨别外面是否有危险？

①教师播放小动物的叫声，请幼儿听一听，并说说是什么动物；请幼儿用手捂住耳朵，再听一听，说说听到的叫声有什么不同。

②变换动物的叫声，同上。教师引导幼儿认知耳朵的功能是听声音的；当耳朵被捂住时，听到的声音很小，甚至完全听不到，不能随意堵塞耳朵。

③游戏：听一听，猜一猜。幼儿自由地摇一摇装有不同物体的瓶子，互相交流听到了怎样的声音，自由猜猜瓶子里可能装了什么？

小结：耳朵可以用来听声音，不能随意堵塞它，要保护好它。

4. 利用头像和图片引导幼儿初步萌发保护鼻子和耳朵的意识

(1)出示缺少鼻子和耳朵的头像，提问当没有鼻子和耳朵时，会怎么样？

(2)出示抠鼻子的图片，请幼儿说一说这一行为的对错和后果。

(3)出示放鞭炮时捂住耳朵的图片，请幼儿说一说这一行为的对错和好处。

小结：要保护鼻子，不随意抠鼻子；要保护耳朵，声音太大时要捂住耳朵。

5. 师幼共同总结巩固鼻子和耳朵的外形、位置、功能及保护鼻子的方法

教师出示两个头像，头像一五官齐全，头像二缺少鼻子和耳朵；师幼一边帮头像找回鼻子和耳朵，一边分别说它们有什么特点、贴在哪里、有什么作用，以及如何保护。例如，这是鼻子，有两个孔，贴在脸的中间位置，这样就可以闻到味道了，鼻子闻气味时不能靠太近，要用手扇一扇，我们不能随意堵塞它或者抠它，要保护鼻子。

（五）活动评价

本活动以幼儿对五官的初步认识为切入点，通过游戏激发幼儿对活动的兴趣，进而引入幼儿喜欢的小猴子的角色，以情境串联活动环节，逐渐引导幼儿认识鼻子和耳朵的外形特点和功能，学习正确闻气味的方式及初步学会保护鼻子和耳朵的基本方法，使其萌发主动保护鼻子和耳朵的意识。注意小结与总结相结合，循序渐进，真正做到让幼儿在玩中学、在学中得。

（六）活动延伸

区域投放找五官的学具，供幼儿在操作中复习五官的外形和位置。

学习歌曲《小手拍拍》。

过渡环节分享：我是如何保护鼻子和耳朵的。

区域投放装有不同气味物品的瓶子、能发出不同声音的瓶子，供幼儿玩辨别游戏。

（七）参考资源

[英] 托尼·罗斯．不许抠鼻子！．范晓星，译．北京：北京联合出版公司，2016.

小班活动 3：保护牙齿宝宝

（一）活动背景

牙齿是我们人体非常重要的一个器官，它能够帮助我们咀嚼食物、正确发音。如果牙齿出现问题，就会影响我们的正常生活，给我们的生活带来极大的不方便。小班幼儿还没有意识到保护牙齿的重要性，也没有系统学习过保护牙齿的方法。为了让幼儿了解牙齿、掌握保护牙齿的正确方法，我们设计了“保护牙齿宝宝”这个活动。

（二）活动目标

第一，认知目标：观察牙齿在嘴巴中的位置及其特点，知道牙齿能帮助我们咀嚼食物。

第二，技能目标：能根据图示说出漱口的基本步骤。

第三，情感目标：在他人的提醒下，会主动在餐后漱口。

（三）活动准备

第一，与幼儿人数相等的镜子、小饼干和小水杯。

第二，牙齿小模型每人一个，教师用的牙齿模型一个。

第三，实物：苹果、饼干、石头、鸡腿、未削皮的菠萝、未剥皮的核桃等。(选择的物品既要有能食用的，又要有锋利、坚硬不能食用的。)

第四，笑脸和哭脸图片。

第五，判断正误图片四张(图片一，用牙齿咬水彩笔；图片二，睡觉前吃糖果，不刷牙就睡觉了；图片三，吃完饭用水漱口；图片四，每天能自己刷牙)。

第六，警告标志贴纸和小花奖励贴纸若干。

第七，漱口图片。

第八，幼儿有过观察自己牙齿的经历，知道龋齿的外观。

（四）活动过程

1. 照一照，看一看——认识牙齿，观察牙齿的特点

(1)幼儿玩照镜子游戏。

师：小朋友们，我们一起来照镜子吧。睁大我们的眼睛，动动我们的眉毛，张开我们的嘴巴。笑一笑，对镜子里的自己打个招呼吧！张开嘴巴时，我们看到的是什么呢？牙齿是什么样的？

小结：对，那是我们的牙齿。牙齿宝宝就住在我们的嘴巴里。今天我们请牙齿宝宝来和我们一起玩游戏。

(2)观察牙齿模型，了解牙齿的特点。

看一看：请小朋友观察牙齿模型，观察我们的牙齿宝宝都长得一样吗？

摸一摸：动手摸一摸牙齿模型，感受我们牙齿宝宝的形态。

小结：有很多颗牙齿宝宝住在我们的嘴巴里，住在外面的是我们的门牙宝宝和尖牙宝宝；住在里面的宽宽的牙齿宝宝是我们的磨牙宝宝。牙齿宝宝能够帮助我们咬碎食物，帮助我们把好吃的食物吃进我们的小肚子里。

2. 喂一喂，护一护——了解牙齿，学习保护牙齿的方法

(1)给牙齿宝宝喂食。

师：老师这里准备了很多东西，准备喂给牙齿宝宝吃，你们看，有苹果、饼干、石头、鸡腿、未削皮的菠萝、未剥皮的核桃。你们帮牙齿宝宝选一选，哪些可以吃，哪些不能吃。把你觉得能给牙齿宝宝吃的食物喂给它吃吧。

教师准备笑脸和哭脸的图片，幼儿选择可以吃的食物则出示笑脸图片，选择不可以吃的食物则出示哭脸图片。

小结：牙齿宝宝可以帮助我们咬碎食物，但是太硬、太锋利的东西不能用牙齿宝宝咬，会让它受伤的。

(2)选择保护牙齿宝宝的正确方法。

师：为了不让我们的牙齿宝宝受伤，我们需要保护它。现在请小朋友们看看下面的这些做法对吗？对的我们给它贴上小花的奖励贴纸，不对的我们给它贴上警告标志贴纸。

出示图片一：用牙齿咬水彩笔。

出示图片二：睡觉前吃糖果，不刷牙就睡觉了。

出示图片三：吃完饭用水漱口。

出示图片四：每天能自己刷牙。

小结：刷牙、漱口都可以保护牙齿宝宝，通过给牙齿宝宝洗澡，让它干干净净，这样它才不会生病。

3. 学一学，漱一漱——爱护牙齿，感受漱口的乐趣

(1)了解清洁牙齿的必要性。

师：刚刚小朋友们都能够为牙齿宝宝选择可以吃的食物，也知道怎样去保护牙齿宝宝，作为奖励，老师给每个小朋友吃一块小饼干，吃完以后，照照镜子看看我们的牙齿宝宝有什么变化。

小结：吃完东西以后，一些食物残渣会留在我们的牙齿宝宝的身体上，时间一长它会滋生细菌，如果不及时清洁我们的牙齿宝宝，它很容易就生病了。那怎样及时清洁我们的牙齿宝宝，让它保持干净呢？除了早晚刷牙以外，还有一个很重要的方法，那就是漱口。我们一起来学学漱口的方法。

(2)学习漱口的方法。

教师出示漱口的图片，让幼儿了解漱口的步骤。

师：小朋友们，我们先看看漱口要准备什么一些东西呢？

小结：我们要准备水杯和水，水杯装好水后就可以开始漱口了。

教师边念儿歌边示范漱口方法。

师：那我们一起看看老师是怎么漱口的吧。(请协教老师念儿歌，执教老师示范。)

(3)做个爱漱口的小宝宝。

师：以后吃完东西我们都要记得漱漱口，这样才能更好地保护我们的牙齿宝宝。现在请每个小朋友去准备好漱口的东西，我们一起来漱口吧。

(五)活动评价

本活动注重让幼儿亲身体验和实际操作，通过看一看、摸一摸、玩一玩、试一试等方式，让幼儿知道为什么要漱口以及怎样漱口，活动内容贴近幼儿的生活且符合他们的学习方式。

（六）活动延伸

1. 本活动相关活动延伸

开展音乐活动："牙刷火车"，让幼儿通过唱一唱、跳一跳的方法进一步巩固刷牙的方法。

开展美术活动："我爱刷牙"，让幼儿感受用美术刷把牙齿刷干净的乐趣。

开展语言活动："没有牙齿的大老虎"，让幼儿进一步感受牙齿的重要性。

2. 一日生活、区域活动延伸

在阅读区投放与牙齿有关的绘本，供幼儿阅读、了解更多与牙齿有关的知识。

在小舞台增添与牙齿有关的音乐。

在盥洗室墙壁上粘贴正确漱口的图示。

3. 家庭亲子活动延伸

建议家长每天早晚提醒幼儿刷牙、饭后提醒幼儿漱口，使幼儿养成良好的生活习惯。

提供相关视频，让家长与幼儿在家共同观看，了解不保护牙齿所带来的危害以及如何更好地爱护牙齿。

（七）参考资源

冰子．没有牙齿的大老虎．武汉：长江少年儿童出版社，2015.

[美]伊丽莎白·沃迪克(文)，[美]玛丽卡·海因兰(图)．牙齿不是用来咬人的．文小山，译．北京：北京科学技术出版社，2015.

[日]久保真知子．出发，刷牙小火车．凌文桦，译．北京：北京科学技术出版社，2017.

[日]莇田澄子(文)，[日]冈部理香(图)．牙婆婆．肖珊，译．北京：北京联合出版公司，2016.

小班活动 4：我有一双小小手

（一）活动背景

手是幼儿最常用、最熟悉的身体部位，幼儿每天都会用手做许多事情，如吃饭、喝水、洗手、洗脸等。小班幼儿十分喜欢动手操作的游戏，但与此同时，他们也存在对手部认知不足和用手不卫生等问题，如不能分辨出自己手指的名称、喜欢把手放在嘴巴里咬、饭前便后不洗手等。为了帮助幼儿加深对自己双手的认知，了解手的作用以及养成卫生用手的习惯，设计了这个活动。

(二)活动目标

第一，喜欢自己的小手，有保护手的意识。

第二，知道手的主要构造及作用。

第三，初步掌握保持手干净、卫生的方法。

(三)活动准备

第一，认识手部的图片(手指、手心、手背的图片)。

第二，肚子痛的图片。

第三，有细菌的脏手的图片、干净的手的图片、幼儿洗手的图片、幼儿剪指甲的图片。

第四，娃娃家餐具、娃娃、娃娃衣服、图书、手帕、抹布、铃鼓、拼插玩具等物品。

第五，幼儿有手指律动《手指变变变》的游戏经验。

(四)活动过程

1. 手指律动《手指变变变》，导入活动

教师带领幼儿随着欢快的音乐做手指律动《手指变变变》，感受手的活动，引出活动。

师：小朋友们，今天我们用小手玩魔术变变变的游戏，你们的小手准备好了吗?

2. 引导幼儿通过多种形式认识手的主要部位

(1)教师引导幼儿观察小手，了解手心、手背、手指等。

师：刚刚我们用我们的小手玩了魔术变变变的游戏，好玩吗?现在请小朋友伸出你们的小手，仔细观察自己的小手，看看你们有几只手，有多少个手指头。(幼儿回答)

小结：我们都有两只手，一共十个手指头。手指长短不一样，粗细也不一

样。(出示五指打开的手部图片)又粗又矮的是拇指，拇指旁边站着是食指，个子最高的是中指，最小最瘦的是小指，还有一个没名字的无名指。(继续出示手的图片)一面是手心，一面是手背。

(2)念儿歌《五指歌》熟悉手的主要构造。

①教师带领幼儿念儿歌《五指歌》。

②教师出示手的图片，师幼进行小结。

(3)幼儿两两结伴，挠挠自己和同伴的手心，并说说感受。

师：刚刚我们已经认识了我们的小手，现在让我们来跟小手玩个小游戏吧。请你找到一个好朋友，用手指去挠好朋友的手心，然后再换过来，让他来挠你的手心，看看会发生什么有趣的事情。

师：请你们来说一下有什么感受。

小结：我刚刚发现好多小朋友都被挠笑了，原来跟小手玩游戏这么好玩。当我们的手心被挠的时候是痒痒的感觉。

3. 引导幼儿通过多种形式体验手的本领

(1)自由讨论手的本领。

师：你们的小手能帮你们做什么？请和旁边的小朋友说说看。

(2)游戏中体会手的本领。

师：小手除了会做刚刚说的事情，你们的小手还会做什么呢？看看老师给你们准备了什么东西，去玩一玩吧。(在教室四周放置一些铃鼓、手帕、拼插玩具、娃娃家餐具、图书、娃娃、娃娃衣服等物品。)

幼儿自由选择喜欢玩的游戏，在游戏的过程中，教师询问幼儿的小手在做什么，并引导幼儿说清自己的手部动作。例如，我的小手在敲铃鼓，我的小手在叠手帕，我的小手在玩拼插玩具，我的小手在做饭，我的小手在翻图书等。

4. 学习保持手干净、卫生的方法

师：哇，原来我们的小手这么有用，那我们来看看什么样的手才是最棒的呢？

(1)出示有细菌的脏手和干净的手的图片，提问幼儿：你喜欢哪张图片的手？

(2)出示肚子疼的图片，提问幼儿：如果手上有细菌怪兽，吃到肚子里会怎么样?

小结：我们要保持手部的干净，否则细菌怪兽就会跑到我们的肚子里，我们就会肚子疼、生病。

(3)出示幼儿洗手的图片，提问幼儿：那我们怎么才能保持手部干净呢?

师：我们什么时候应该洗手呢?

小结：要保持小手的干净，就要勤洗手，特别是我们吃饭前、上完厕所后，摸了脏东西之后都要洗手，这样细菌怪兽才不会跑到我们的肚子里。

(4)出示幼儿剪指甲图片，引导幼儿说出要勤剪指甲。

小结：保持小手的干净很重要。我们平时要勤洗手、勤剪指甲，做个讲卫生的好宝宝，不让细菌怪兽跑到我们的肚子里面。那现在我们去洗洗手，把细菌怪兽都洗掉，好不好?

(五)活动评价

本活动通过儿歌《五指歌》和玩挠手心游戏的方式激发了幼儿的学习兴趣，在跟读儿歌和玩游戏的过程中，幼儿潜移默化地认识了手的各个部位和知道手能做很多事情，达到认知目标。通过对比干净的手和不干净的手对我们的影响，幼儿意识到保持手部干净、卫生的重要性。最后，幼儿能在教师引导下说出保持手部干净、卫生的方法，达到技能目标，整个过程循序渐进，环环相扣，推动整体目标的完成。

(六)活动延伸

1. 本活动相关活动延伸

活动结束后，组织幼儿用肥皂洗手。

布置一个让自己的小手变得能干的小任务，回家之后尝试自己的事情自己做或者帮助大人做些力所能及的事情，回园后与大家分享。

2. 一日生活、区域活动延伸

在一日生活过渡环节组织幼儿一起做手指游戏、用手变魔术，在游戏中加强幼儿对手的认识，使幼儿知道手能做很多事情。

在盥洗室墙面上的醒目位置，贴上七步洗手法图示供幼儿自主学习、模仿正确的洗手方法。

在阅读区提供相关绘本，如《会说话的手》《手和手指头》《我不再吃手了》等，幼儿可在与书本互动中进一步积累相关经验，积累手的相关知识和保护手的方法。

3. 家庭亲子活动延伸

建议家长与幼儿一起制定剪指甲计划表，并按计划执行，勤帮幼儿剪指甲。

（七）参考资源

朱成梁(文)，朱自强(图). 会说话的手. 北京：连环画出版社，2015.

[日]掘内诚一. 手和手指头. 蒲公英童书馆，译. 贵阳：贵州人民出版社，2013.

[日]久世早苗. 我不再吃手了. 荀颖，译. 北京：北京科学技术出版社，2017.

[美]埃莉斯·普里马韦拉. 大拇指，真好吃！. 刘珊悦，译. 北京：北京联合出版公司，2016.

[法]劳伦斯·吉罗(文)，[法]吕锡·杜尔比亚诺(图). 露露再也不想吸大拇指了. 荣信文化，译. 西安：未来出版社，2010.

[英]托尼·罗斯. 我不要洗手. 余治莹，译. 北京：外语教学与研究出版社，2018.

小班活动 5：我的身体别乱碰

（一）活动背景

幼儿时期是个体性别认知发展的关键期，依照弗洛伊德的理论，3~6 岁的幼儿处于性发展阶段的性器期，对性的认知需求是幼儿身心发展过程中自然产生的一种需要。顺应幼儿的身心发展规律，对幼儿进行适当的性教育是十分必要的。在日常生活中，小班幼儿对性表现出懵懂与好奇，偶尔还会出现玩弄自己隐私部位的情况。结合小班幼儿的年龄特点，我们设计此活动，让幼儿认识身体隐私部位，知道要保护隐私部位。

（二）活动目标

第一，知道身体哪些部位属于隐私部位。

第二，萌发保护隐私部位的意识。

第三，知道自己身体哪些部位属于隐私部位。

(三)活动准备

第一，男孩、女孩泳衣图片一张。

第二，布娃娃一个。

第三，男孩女孩裸体卡通图片若干、衣服贴纸若干。

第四，空旷的场地。

第五，幼儿知道身体各部位的名称，会使用贴纸，能遵守游戏规则。

(四)活动过程

1. 以图片、玩偶为媒介，让幼儿认识隐私部位

(1)出示男孩、女孩泳衣图片，引发幼儿讨论。

师：小朋友，游泳的时候需要穿衣服吗？为什么游泳时要穿衣服，不能像洗澡一样光着身子？图中小背心和小裤衩儿遮住的是什么地方？为什么这些地方必须遮住？

小结：我们的身体有很多个器官，有的器官一直露在外面，如眼睛、鼻子、嘴巴、耳朵、小手等，有些器官则必须遮盖起来，它们就是我们的隐私部位。

(2)出示布娃娃，带领幼儿认识隐私部位。

①出示布娃娃，请幼儿指认隐私部位。

师：小朋友们，这是一个小娃娃，请你们想一想，哪些地方是他的隐私部位呢？

②教师小结隐私部位。

小结：原来小背心和小裤衩儿遮盖的地方：小朋友的小屁股、排小便的地方和女孩子的胸部是隐私部位。

(3)游戏：娃娃穿衣服，巩固认识隐私部位。

师：小朋友们，娃娃城堡里有好多小娃娃没穿衣服，他们的隐私部位全都暴露出来了，请你们帮忙给娃娃穿好衣服，保护他们的隐私部位吧！

幼儿自主操作，并在操作完成后进行分享展示。

2. 联系生活经验，进行集体讨论

师：在平时去卫生间的时候，有的小朋友刚走到卫生间门口就开始脱裤子，还有的小朋友会玩弄自己的隐私部位，你们觉得这样做正确吗？为什么？

小结：隐私部位不允许随便被别人看、碰、摸，我们在平时也不能玩弄自己的隐私部位或者触碰别人的隐私部位。

3. 通过游戏情境学习保护隐私部位的简单方法

游戏：娃娃城堡旅行记。

师：小朋友们，刚刚你们帮助娃娃城堡的娃娃们穿上了衣服，保护了他们的隐私部位，娃娃们非常感谢你们，邀请大家去娃娃城堡旅行，不过在游玩的路上可能会遇到坏人，如果坏人想触碰你们的隐私部位的话，你们要双手交叉护住自己的隐私部位，大声叫他走开，保护好自己。

师幼共同游戏，教师在游戏中提醒幼儿并示范保护隐私部位的方法。

小结：小朋友们，我们到达旅行的终点啦！在刚刚的旅行中，你们都学会了双手交叉保护自己的隐私部位，不允许别人看或者碰它，在平时的生活中，我们也要这样做，保护好自己的隐私部位哦！

（五）活动评价

小班幼儿的认知比较具象直观，本活动通过图片、布娃娃，让幼儿认识自己的隐私部位，通过联系生活经验的讨论，让幼儿知道隐私部位是不能随便给别人看或摸的。

本活动通过游戏“给娃娃穿衣服”“娃娃城堡旅行记”，使得幼儿在游戏中掌握保护隐私部位的简单方法。

（六）活动延伸

1. 本活动相关活动延伸

开展绘本阅读活动，选取性教育绘本《不要随便摸我》，进一步引导幼儿遇到他人触摸自己的隐私部位时，要勇敢拒绝。

延伸到语言活动中，通过学习安全儿歌《小熊小熊》，进一步加强保护隐私部位的意识。

2. 一日生活、区域活动延伸

在如厕环节，要进行性别的区分，有条件的幼儿园要设置男女厕所的分隔阻挡，没有条件的幼儿园可按性别分批如厕。

在娃娃家，投放男女娃娃和相应的衣服，让幼儿通过游戏操作，知道要保护隐私部位。

3. 家庭亲子活动延伸

完成亲子小任务，家长和幼儿共同讨论男孩和女孩的区别，并记录下来。

亲子阅读关于性教育的绘本，利用绘本故事帮助幼儿理解如何保护自己的身体。

在日常生活中，正面回答幼儿有关自己从哪里来的问题。在洗澡时告诉幼儿要讲究卫生，保持隐私部位干净。

（七）参考资源

[美]珊蒂·克雷文(文)，[美]茱蒂·柏斯冯(图). 不要随便摸我. 刘敏，译. 青岛：青岛出版社，2011.

[德]佩特拉·敏特尔(文)，[德]萨比娜·威默斯(图). 不要随便亲我. 刘敏，译. 青岛：青岛出版社，2011.

魏屹. 你是男孩我是女孩. 北京：北京联合出版公司，2018.

五、 主题单元幼儿表现评估

主题__________

班级__________　　幼儿姓名__________　　教师姓名__________

评价者__________　　日期__________

评估准则：完全掌握或做到 4 分；有时掌握或做到 3 分；初步掌握或偶尔做到 2 分；暂未掌握或做不到 1 分。

学习目标	具体表现	4	3	2	1
1. 对身体部位感到好奇，初步认识眼睛、耳朵、鼻子、嘴巴、手等在身体中的位置与其主要功能。					

续表

学习目标	具体表现	4	3	2	1
2. 初步认识身体的隐私部位，知道要保护隐私部位。					
3. 学习一些保护身体部位的简单方法。					
4. 在发生外伤时，会向有关人员寻求帮助。					

小班电器、电子产品安全

一、主题单元背景资料

伴随着移动互联网的高速发展与智能设备的全面普及，幼儿越来越多地接触手机、电视等产品，但由于幼儿对电器、电子产品的认识和经验都十分有限。因此，在众多电器、电子产品的冲击下，家长和教师如何指导幼儿正确认识电器、电子产品的利与弊，引导幼儿合理使用电器、电子产品服务于生活与学习，是一项重要而紧迫的任务。

本主题单元，根据小班幼儿的认知特点与学习方式，围绕小班幼儿在接触电器、电子产品时容易出现的问题，从直观的案例入手，基于幼儿的心理认知，让幼儿感受电器、电子产品的便捷，体验电子产品的趣味，识别电器、电子产品潜在的危险，进而控制自己的行为，理性面对电子产品。

二、主题单元目标

第一，知道常见电器、电子产品的安全隐患和使用它们时的不当操作行为。

第二，能说出玩手机的危害与禁忌，知道不随便拨打电话，不乱扔、摔手机。

第三，知道不长时间玩电子产品设备，知道不随便触摸充电中的电子产品。

第四，不长时间看电视、玩游戏，知道其对眼睛和身体有伤害。

第五，积累安全使用电器、电子产品的经验，增强自我保护的意识。

三、 主题单元环境创设

（一）墙饰创设

根据本主题单元的目标与内容，结合小班幼儿身心发展特点、学习方式、认知水平和日常生活经验，将主题墙面设计为以下四个板块：

1. 电器与电子产品——大市场

这一板块主要呈现电器与电子产品的图片与名称。通过查找电器与电子产品的图片，如手机、电视等，再根据调查反馈的结果将同一种类电器与电子产品根据出产时间的先后，进行分类整理，观察不同时期同一电器与电子产品的形态和不同电子产品的形态，寻找共同点与不同点，感受日常生活中电器与电子产品的种类之丰富与更新速度之快。

2. 电器与电子产品——好朋友

这一板块主要体现电器与电子产品的功能和用途以及对我们生活的影响。因此，教师可以提供日常使用电器与电子产品的照片（可以是网络上的，也可以是家长和幼儿操作电器与电子产品的照片），让幼儿通过直观形象的图片，理解电器与电子产品的功能和用途，感受电器与电子产品为我们生活带来的便捷。

3. 电器与电子产品——要当心

这一板块主要呈现电器与电子产品存在的潜在危害和使用时的安全隐患。教师提供安全警示标识，如禁止触碰、当心触电、小心烫伤、防隐私泄露、防近视等，请幼儿为电器与电子产品寻找对应的安全警示标识。

4. 电器与电子产品——我知道

这一板块主要考验幼儿对电器与电子产品操作正误的辨析能力。教师提供电器与电子产品使用、操作的图片（正确的、错误的都涵盖），准备笑脸和垃圾桶标识，请幼儿将正确的行为摆放在有笑脸标识的区域，错误的行为摆放在有垃圾桶标识的区域。

（二）区域活动

1. 阅读区

提供有关电器与电子产品的绘本，如《再见，电视机》《要是你给老鼠玩手机》《晚安，IPad》《潘妮，别看电视啦》等；以及看电子屏幕的警示语，如距离、时间等提示。

2. 益智区

提供废旧的电子产品、智能电子玩具产品，供幼儿探索其构成与运作方式。

提供有关常用电器与电子产品的使用、操作的图片，请幼儿辨别正确的行为和错误的行为。

3. 角色扮演区

提供智能音响、灯光、照相机和辅助表演类材料，如话筒、乐器、服饰、帽子、玩具化妆用品、公主装扮材料等，让幼儿感受电器与电子产品为生活带来的乐趣。

4. 美工区

提供彩笔、彩纸、卡纸、剪刀、胶水、电器与电子产品黑白打印图等，供幼儿涂色、裁剪，可将完成的作品布置到娃娃家。请幼儿制作“我理想中的手机”，设计未来手机新功能。

5. 语言区

提供电器与电子产品功能图，请幼儿讲一讲电器与电子产品如何让生活更美好；提供防烫伤、防触电、防近视等的警示、禁止标识图，请幼儿讲一讲在使用哪些电器与电子产品时会遇到标识中的危险，应该怎么避免。

（三）班级文化

1. 引发幼儿对电器与电子产品名称、功能、性能的关注

随着经济水平的不断提高，越来越多的幼儿从很小就开始接触各种电器与电子产品，如电视、智能手机、智能学习机、平板电脑等。一部分家长对儿童接触电器与电子产品持开放态度，不加干涉；另一部分家长担忧幼儿会沉溺其中，过于迷恋电器与电子产品，严令禁止。然而任其发展和矫枉过正都是不理智的做法，到底应该如何引导幼儿正确面对电器与电子产品呢？本主题主要从

教育的视角，立足小班幼儿对电器与电子产品的已有经验，从认知发展和学习需求的层次出发，引发幼儿对电器与电子产品名称、功能、性能的关注。

2. 引导幼儿对电器与电子产品安全风险进行正误辨析

电器与电子产品在给幼儿学习和生活带来便利的同时，也对其身体和心理造成了不良的影响，加之其本身在被使用过程中容易给幼儿带来安全隐患，我们需要引导幼儿在认识电器与电子产品的基础上，能够正确辨析它们带来的风险。通过遵守电器与电子产品的使用规则，提高幼儿自我保护的意识和能力；通过听取大人的警告，提高幼儿的规则意识与自控能力。

四、 主题单元教育活动方案

小班活动 1：电器安全我知道

（一）活动背景

随着社会的发展，电器普遍存在于每一个家庭中，种类齐全、功能众多的电器，在给我们生活带来便利的同时也隐藏着让人揪心的安全隐患。如何让幼儿正确认识常用电器的功能与隐患，是我们在幼儿教育中不可或缺的一课。在教育互动中，我们要避免说教，从幼儿能够接受的方式入手，通过经验链接、问题驱动等方式，循序渐进地引导其主动获取电器操作方面的安全知识，丰富其日常经验，使其学会自我保护。

（二）活动目标

第一，知道生活中常见电器的名称与功能。

第二，懂得不能随便触摸、操作电器。

第三，在解决问题中体验安全操作电器的重要性。

（三）活动准备

第一，普通电器的图片，如电饭锅、电饼铛、空调、台灯、冰箱、电磁炉、洗衣机、吸尘器、挂烫机、熨烫机、电视机、电脑等的图片。

第二，智能电器的图片，如智能音响、智能故事机、扫地机器人、智能空调、智能晾衣架、智能窗帘等的图片。

第三，根据普通电器和智能电器的图片制作PPT。

第四，盘子四个，雪花片若干。

第五，“禁止触摸”“防止触电”“笑脸”等标识。

第六，幼儿能认识一些常见电器，知道一些常见电器的功能。

（四）活动过程

1. 谈话导入，认识电器

教师与幼儿谈话，调动幼儿已有经验，引导谈论自己知道的电器都有什么。

师：小朋友们家里都有电器吗？你们都见过什么电器？(幼儿调动已有经验自主发言)

教师根据幼儿讲述，引导幼儿根据功能和使用方式的不同，将电器归为两大类(普通电器和智能电器)。

师：有的小朋友说到洗衣机、冰箱；有的小朋友说到扫地机器人、智能音响……那你们知道这些电器有什么区别吗？

小结：对了，前面的是我们经常见到的普通电器，后面的是智能电器。

教师根据PPT拓展普通电器和智能电器的范畴。

师：关于普通电器你们还认识哪些呢？除了刚才说的智能电器你们还知道哪些智能电器呢？

2. 分组讲述，了解电器的功能和存在的安全隐患

教师交代要求，带领幼儿了解电器的功能。

师：我们认识了这么多的电器，现在我们分成四组，请每组分别说一说这些电器的功能，哪一组能用“这个是……，它可以……”完整地进行介绍，就可以获得一片雪花片。

幼儿分组讲述电器的功能，教师视幼儿讲述情况引导。

小结：小朋友们知道这么多电器的功能，看来电器真的给我们的生活带来了很多的方便。

教师引导幼儿知道电器存在的安全隐患。通过谈论电器怎么样才可以工作，了解不可以随便触碰或随便使用电器的原因是，电器虽然给我们带来很多方便，但也带来了危险。

师：到底电器有什么危险呢？应该怎么安全使用呢？我把这些印有电器的

图片发给你们，你们可以商量一下，说一说。说对的小朋友可以为所在的小组赢得雪花片。(幼儿说，教师补充引导)

幼儿分组讲述电器的功能，教师视情况引导。

小结：是的，电器虽然给我们带来很多方便，但同时也带来了危险。

3. 认识电器上常见的安全标识

教师出示“魔术箱”，幼儿抽摸标识后，进行表述，教师补充引导其认识。

教师出示防止触电标识。

师：这个标识是什么？(防止触电)哪些电器需要“防止触电”呢？(所有的电器)

教师引导幼儿明白电器需要在通电的情况下才可以工作，千万不可以私自去插电，不能随便去摸电源插座，也不能用湿的物品触碰电源插座，以防触电。

教师出示禁止触摸标识。

师：这个标识又是什么呢？(禁止触摸)

幼儿思考哪些电器在工作的时候不能随便触摸呢？(幼儿自主说)

小结：大部分电器在工作的过程中，都不能随便触摸，以防烫伤、冻伤、刮伤、砸伤……如电饼铛、电磁炉、挂烫机等容易导致烫伤；冰箱容易导致冻伤；电风扇容易导致刮伤；吸尘器、台灯等容易导致砸伤……

教师出示笑脸标识。

师：这个标识又是什么呢？(笑脸)

幼儿思考哪些电器在通电的情况下，可以使用语音进行操作，让生活变得更便捷、美好。(幼儿说，教师引导补充)

4. 活动总结

师：看，小朋友赢得了这么多的雪花片，说明我们认识了很多的常用电器，知道电器的基本功能与存在的安全隐患，并懂得如何安全使用电器，你们真了不起。以后，一定要把这些告诉你身边的人哦！

(五)活动评价

与日常生活经验相连接。本活动从开始的谈话环节到后面对电器类别、名称、功能、安全隐患的步步深入，均有效与幼儿生活经验相连接，在调动幼儿已有经验的基础上，进行归纳、总结、提升。

用游戏激励幼儿主动表达。活动中游戏的运用打破常规的问答模式，在竞争中激发幼儿的表达欲望，实现自主表述，感受同伴互助的力量。

（六）活动延伸

1. 一日生活、区域活动延伸

益智区：投放电器卡片，供幼儿巩固认识，自主交流电器的安全使用方法。幼儿可尝试进行多种形式的分类(普通电器、智能电器，厨房电器、生活电器)；也可通过说安全隐患比比谁懂的安全知识更多，谁的安全意识更强。

阅读区：投放有关电器安全的绘本，如《迪士尼儿童安全教育互动绘本：会咬人的家用电器》《咬人的家用电器》，通过生动的绘本故事，进一步强化幼儿的安全意识。

2. 家庭亲子活动延伸

建议家长在家对幼儿进行正确使用电器和安全用电的教育。

（七）参考资源

王早早．咬人的家用电器．西安：中国地图出版社，2015.

迪士尼公司．会咬人的家用电器．北京：童趣出版有限公司，2016.

小班活动 2：不迷恋手机

（一）活动背景

随着社会的发展，手机已成为人们生活中必不可少的物品，幼儿接触手机的年龄也越来越小。伴随幼儿使用手机进行沟通、娱乐、学习等出现的是更多的娱乐休闲方式以及更便捷的学习途径，但幼儿使用手机对其视力发育、对社会急救系统干扰等所带来的负面影响也不容忽视。因此，本活动设计，结合小班幼儿的年龄特点，让幼儿在活动中了解手机的基本功能、知道手机操作的禁忌；明白长时间看手机的危害；学会在有需要的情况下接打电话，不随便拨打电话(尤其是急救电话)扰乱他人安定与社会秩序稳定。

（二）活动目标

第一，知道手机的基本功能，不随便用手机拨打电话，尤其是急救电话。

第二，知道长时间看手机对眼睛有伤害。

第三，体验手机的便捷，感受长时间玩手机的危害。

（三）活动准备

第一，视频：《小朋友长时间看手机的危害》《孩子看手机时间》。

第二，PPT图片：各种各样的手机的图片（从普通机到智能机）以及智能手机的主要功能图。

第三，活动前，请家长和幼儿一起关注因不正确使用手机而造成身体伤害的事件报道。

（四）活动过程

1. 知道手机的基本功能

教师出示各种手机的图片，从手提电话到现在的智能手机。

师：这是什么？它们有什么不同？

师：它们虽然颜色、形状和大小各有不同，但是都有一个共同的本领，是什么呢？

2. 能正确使用手机

师：你会使用手机拨打电话吗？我们来做一个打电话的游戏。

小结：只要我们知道对方的号码，拨通就可以和对方说话。如果手机响了，按接通键，就可以接听电话了。（知道拨打电话和接听电话的方法）

师：哪些电话不能随便打？（110、120、119等紧急求助电话）这些电话在什么情况下才可以打？

师：我们怎么样保护手机？（轻拿轻放、不随便乱摔、不私自给手机充电、看好手机防止丢失）

3. 了解手机的其他功能

师：除了打电话，你还知道手机有什么其他的本领？（发短信、微信、看动画片、听音乐、照相、录视频等）

幼儿讨论自主发言，教师对于在使用这些功能的过程中会出现的安全问题进行引导梳理。（如打扰别人、泄露家人的隐私信息等）

教师请幼儿观看视频《小朋友长时间看手机的危害》。

师：我们能长时间看手机吗？为什么？有什么危害？

师：我们一天持续看手机的时间最长是多久呢？让我们一起看这个视频找找答案。(播放视频《孩子看手机时间》)

4. 结束部分

希望我们可以和家人一起约定，做一个会爱护手机、懂得管理自己看手机的时间的小能手。

（五）活动评价

从幼儿生活经验切入，让幼儿学习知识。本活动围绕幼儿的生活经验，让幼儿通过观察、对比，了解手机的变化，知道手机的基本功能和拓展功能。让幼儿学会接打电话，并知道在必要的时候手机带来方便、在紧急时刻可以利用手机求救。

遵循幼儿年龄特点，让幼儿理解危害。本活动针对幼儿年龄特点选取视频、动画，让幼儿直观感受到迷恋手机的危害，知道自身年龄段看手机的时长，尝试约定、管理自己看手机的时间。

（六）活动延伸

1. 一日生活、区域活动延伸

在图书区投放介绍消防员、医生、警察等特殊职业人员的图书，让幼儿知道相应急救电话可以获得的帮助，明白不随便拨打急救电话的原因。

2. 家庭亲子活动延伸

提供丰富的亲子游戏资源，请家长也管理好自己，放下手机，在室内外多与孩子进行高质量的亲子活动。

在幼儿需要用手机约朋友或与教师沟通等必要时刻，可以尝试给予幼儿主动权，让幼儿自己操作接打电话、自主沟通。

小班活动 3：看电视有节制

（一）活动背景

在信息化迅速发展的今天，电视在幼儿生活及学习中所占分量越来越大，幼儿看电子屏幕的时间逐渐延长，接触电子屏幕的年龄也越来越小。过长的看电视时间压缩了幼儿的其他身体活动时间，降低了幼儿的大脑敏感性，影响其思维能力、注意力、视听感知发育、语言发育等；还容易出现儿童肥胖，以及头痛、颈肩背酸痛等不适症状，《3—6岁儿童学习与发展指南》明确指出，3～4岁幼儿“连续看电视等不超过15分钟”。培养幼儿科学有效地管理自己接触电子屏幕的时间刻不容缓。本活动针对小班幼儿喜欢观看电子屏幕，且不能自觉控制时间，容易对眼睛、身体和智力产生危害的现实情况，通过聚焦看电视问题，让幼儿在直观感知看电视的危害后，能够有意识地与大人协商，控制自己的看电视时间。

（二）活动目标

第一，知道长时间看电视对视力、身体的伤害。

第二，知道看电子屏幕要保持一定的距离，与大人协商，连续看电视时间不超过15分钟。

第三，体验其他游戏活动的快乐。

（三）活动准备

第一，视频《宝宝看电视》。

第二，保护眼睛的做法及游戏的图片。

第三，PPT“15分钟有多长”。

（四）活动过程

1. 谈话导入

师：你们喜欢看电视吗？都喜欢看什么节目呢？说一说为什么喜欢这些节目？

2. 了解看电视的危害

教师播放视频《宝宝看电视》。

师：儿歌中的小动物喜欢看电视吗？

师：看完儿歌，你觉得看电视要注意什么呢？（不能坐太近，不能看太长时间）

师：近距离、长时间看电视对小动物有什么危害呢？（近视、头晕、坐太久成小懒猪）

师：我们应该怎么做？（不要看太长时间电视，可以听儿歌、跳舞、多运动，保护眼睛）

3. 养成不迷恋电视的好习惯

(1)请幼儿和爸爸妈妈一起调查，3~4 岁幼儿一次性连续看电视的最长时间。(15 分钟)

师：15 分钟是多长？(请幼儿根据自己的理解说一说，更好地理解 15 分钟)

(2)请幼儿说说 15 分钟还可以做什么？

(3)制定闹钟，请幼儿选择做一件自己喜欢的事情，15 分钟后闹钟停止，体验 15 分钟的长度。

4. 活动结束

幼儿理解了 15 分钟有多长，知道了看电视的危害，体验其他游戏活动的快乐。鼓励幼儿回家和家长一起协商看电视，养成不迷恋电视的好习惯。

(五)活动评价

由人及己理解电视危害。本活动从小动物也喜欢看电视开始，让幼儿明白喜欢看电视没有错，以此达成共识。接着让幼儿从视频中发现看电视的危害，由人及己理解长时间看电视、近距离看电视会对视力、身体等产生危害，进而慢慢认可这一观点，愿意学习小动物多听音乐、多运动，养成良好的习惯。

贴近生活感知时间长度。对于持续看电视的时间不能超过 15 分钟，幼儿没有概念，只有让幼儿将时间与自己的生活事件相联系，幼儿才能够很好地理解。这是一个难点，前期通过与爸爸妈妈调查，进行铺垫，让幼儿根据自己的理解说一说 15 分钟有多长，大大降低了他们对时间认知的难度，这样更便于幼儿建立时间观念，逐渐学会管理自己的时间。

(六)活动延伸

1. 一日生活、区域活动延伸

阅读区：投放关于《再见，电视机》以及爱护身体的图书，通过阅读学习爱护自己的身体部位。

益智区：投放幼儿日常行为的图片，如长时间看电视、近距离看电视、听音乐、跳舞、做游戏、画画等的图片，请幼儿在正确的做法下面打“√”，在不正确的做法下面打“×”。

2. 家庭亲子活动延伸

学习儿歌童谣《看电视的女孩》、儿歌《宝宝看电视》。和家长一起约定看电视的内容和时间，并尝试遵守。

（七）参考资源

叶祎，周永海，陈克．温州城市婴幼儿电视和 DVD/VCD 暴露状况调查．中国预防医学杂志，2009，10(12).

曹慧，严双琴．生命早期电视暴露状况及其对儿童行为问题的影响．中华流行病学杂志，2015，36(1).

小班活动 4：电子游戏危害多

（一）活动背景

当今世界，科技进步，日新月异，电子游戏进入我们生活中的每一个角落，也不可避免地进入了幼儿的生活，有些幼儿甚至沉迷其中不能自拔，这让很多家长对幼儿玩电子游戏都是“谈虎色变”，严令禁止。教育部提出“严格控制未成年人游戏时长”。2019 年，北京市教育委员会等十部门联合印发《北京市儿童青少年近视防控十条措施》，明确要求“8 岁以下儿童禁玩电子游戏”。其实幼儿爱玩电子游戏是因为他们喜欢探索新东西，想用新奇的东西来满足自己的好奇心，一味地严令禁止可能引起幼儿的抗拒心理，如果让幼儿自己意识到电子游戏的危害，则更容易达到预期效果。本活动通过“传统游戏与电子游戏对比、分析电子游戏的危害、投票选择健康的游戏”三个环节，让幼儿明白电子游戏的不良影响，从而自觉远离电子游戏。

（二）活动目标

第一，正确认识电子游戏，知道玩电子游戏对身体和眼睛的不良影响。

第二，能听从成人劝阻，远离电子游戏。

第三，体验传统游戏的乐趣，感受电子游戏的危害。

（三）活动准备

第一，传统游戏材料：沙包、皮球、职业服饰等。

第二，视频：《小狐狸玩太长时间电子游戏，眼睛都出问题了》。

第三，活动前和成人开展过简单调查，了解过传统游戏的优点和电子游戏的危害。

(四)活动过程

1. 理解传统游戏与电子游戏

播放视频：《小狐狸玩太长时间电子游戏，眼睛都出问题了》。

(1)视频中小狐狸在干什么？(玩电子游戏)

(2)视频中小狐狸长时间玩电子游戏出现了什么情况？

小结：电子游戏看起来有趣，但是对眼睛和身体有危害。

(3)除了电子游戏，我们在生活中还会玩什么游戏？(捉迷藏、抓“小偷”、丢手绢等)

(4)玩这类游戏时的心情如何，有什么感受？

小结：传统游戏种类很多，可以跟自己的好朋友一起玩，玩游戏很开心。

2. 总结传统游戏的优点和电子游戏的弊端(展示调查结果)

(1)总结传统游戏的优点。

传统游戏可以和小伙伴一起玩，可以锻炼身体，可以使眼睛得到放松，可以学习到游戏方法和生活知识，有些传统游戏很有挑战性……

(2)总结电子游戏的危害。

电子游戏会危害我们的眼睛，经常玩电子游戏容易使我们的眼睛近视；电子游戏中的信息杂乱，可能会有不健康的视频，还可能会有诈骗链接；有的电子游戏还可能有病毒，会损坏我们的电子产品……

3. 大家一起来投票

(1)哪种游戏让我们开心的同时还比较健康？

(2)投票选择，请个别幼儿说一说原因。

4. 结束活动

(1)鼓励幼儿回家后听爸爸妈妈的话，多玩健康的传统游戏，远离电子游戏，请爸爸妈妈帮忙记录，看谁能很好地遵守约定。

(2)一起玩游戏，体验丢沙包、拍皮球等传统游戏的快乐。

(五)活动评价

尊重幼儿的已有认知，习得新经验。本活动通过让幼儿观察小动物玩电子游戏产生的后果，使其建立起对电子游戏的危害的认知；通过调动幼儿自身经验，使其了解传统游戏的种类；通过活动前的调查，拓展幼儿的学习途径，丰富其自身经验。

本活动让幼儿当小小调查员，调查传统游戏的优点和电子游戏的危害。通过展示调查结果，引导幼儿梳理出电子游戏的危害，进而愿意听取家长的建议，尝试遵守约定，远离电子游戏。

（六）活动延伸

1. 一日生活、区域活动延伸

语言区："小小宣传员"介绍调查结果。

阅读区：提供眼保健操图，幼儿观察图片信息，跟着图片学做眼保健操。

2. 家庭亲子活动延伸

请幼儿和家长一起搜集趣味游戏的案例，并请幼儿介绍给大家。

幼儿和爸爸妈妈一起约定，请爸爸妈妈帮忙记录，看谁能更好地遵守约定，远离电子游戏。

（七）参考资源

曹晋．指尖上的世界——都市学龄前儿童与电子智能产品侵袭的玩乐．开放时代，2013(1).

[美]帕特里克·麦克唐奈．泰克 现代穴居男孩．阿甲，译．北京：北京联合出版公司，2017.

[美] 马修·科德尔．嗨！hello 嗨！hello．杨玲玲，彭懿，译．北京：北京联合出版公司，2015.

五、 主题单元幼儿表现评估

主题__________

班级__________　　幼儿姓名__________　　教师姓名__________

评价者__________　　日期__________

评估准则：完全掌握或做到 4 分；有时掌握或做到 3 分；初步掌握或偶尔做

到 2 分；暂未掌握或做不到 1 分。

学习目标	具体表现	4	3	2	1
1. 知道常见电器、电子产品的安全隐患和使用它们时的不当操作行为。					
2. 能说出玩手机的危害与禁忌，知道不随便拨打电话，不乱扔、摔手机。					
3. 知道不长时间玩电子产品设备，知道不随便触摸充电中的电子产品。					
4. 不长时间看电视、玩游戏，知道其对眼睛和身体有伤害。					
5. 积累安全使用电器、电子产品的经验，增强自我保护的意识。					

小班运动与游戏安全

一、主题单元背景资料

小班幼儿由于年龄偏小，在运动与游戏中通常会释放天性，缺乏一定的自我保护能力，在进行运动与游戏时规则意识也未完全建立，对运动与游戏中存在的安全隐患没有准确的认知，容易发生安全事故。例如，幼儿规则意识较差导致在走、跑、跳、钻、爬等运动过程中发生安全事故；对自己身体认知不清晰容易在运动与游戏中发生扭伤、脱臼等，受伤时不能得到正确的处理；对大型运动器械使用方法不了解发生安全事故。通过小班运动与游戏安全主题活动的开展，引导小班幼儿初步建立安全意识，初步掌握运动与游戏中的安全规则，了解运动器械的基本使用方法，了解运动与游戏中的基本礼仪，萌发自我保护的安全意识。

本主题单元通过游戏的方式帮助幼儿掌握基本的安全规则，开展“运动安全我知道”游戏活动，帮助幼儿树立在各种运动与游戏中的安全规则意识；通过开展“个人运动中的自我保护”，让幼儿了解在进行个人运动时自我保护的方法；开展大带小“安全玩滑梯”活动，帮助幼儿建立心理安全感，掌握正确玩滑梯的方法；开展“自选器械的安全”，让幼儿知道如何正确挑选安全的运动器械，并初步掌握大型运动器械的使用方法。通过四大板块的安全教育活动让幼儿初步掌握运动中各类器械的基础玩法，能够勇敢面对运动与游戏中出现的安全事故，初步建立运动与游戏中的自我保护意识，了解基础的自我保护方式，培养勇敢、不放弃的精神。

二、 主题单元目标

第一，在成人提醒下能注意运动与游戏时的安全，不做危险的事。

第二，初步掌握在各类运动与游戏中的安全规则。

第三，初步了解运动时保护自己的身体的方法，防止身体受到伤害。

第四，了解运动与游戏中排队和文明行走的基本方法。

第五，掌握在自选器械上发生事故的简单处理方式。

第六，知道安全玩滑梯的游戏规则和方法。

三、 主题单元环境创设

(一)墙饰创设

根据本主题单元的目标与内容，将墙饰分为四个板块。

1. 我知道的运动安全规则

引导幼儿观察，在生活中什么时候需要排队并在记录表上用简单的符号进行记录。幼儿的记录表在班级内和同伴交流分享后，即可展示在墙饰上，教师收集幼儿在生活、运动、游戏、外出活动中排队的照片，在墙饰中进行展示交流。

2. 我的身体

结合科学活动中幼儿对会动的小人的了解，引发幼儿对身体各个部位的关注，墙饰上大大的卡通人物可以每天更换不同的动作，引导幼儿发现身体中的什么地方在运动时容易受伤。

教师在此区域内制作情景墙，利用泡沫球制作不同球类模型，在情景墙内突出小动物们在进行自选器械等活动时遇到的安全问题，并用图示的方法将不同运动与游戏容易出现的安全注意事项进行展示。引导幼儿说一说他知道的自我保护方法。

3. 我来玩滑梯

教师收集幼儿了解的滑梯安全玩法的资料，以调查问卷的形式在墙饰中进行展示，并利用照片的形式将幼儿在玩滑梯时存在的安全隐患和不同的自救方式进行展示，幼儿根据安全演练教学活动所掌握的知识，在墙饰中寻找不同的安全事故的自救方式。

4. 关节动一动

请家长将幼儿在运动中注意保护的瞬间以照片的形式记录下来，在此板块进行分享，照片形式便于幼儿交流，并鼓励幼儿积极参加运动，做个自我保护小达人。

（二）区域活动

1. 科学区

提供不同类型的球，引导幼儿能够分辨它们的不同特征。

提供颜色贴片，引导幼儿在关节小人上找关节，贴上对应的颜色贴。

2. 美工区

提供泡沫球和水彩，引导幼儿根据教学活动内容制作球类模型。

提供暗扣和纸板小人，引导幼儿尝试制作皮影小人。

3. 角色扮演区

创设体育馆的场景、提供不同的中小型体育器械以及体育馆工作人员、运动员、安全管理人员的衣服，带领幼儿进行体育馆的角色游戏，了解与分享各类中小型器械的特征及安全注意事项。

提供玩具娃娃，引导幼儿给娃娃排队；娃娃医生和娃娃护士指导病人看病要排好队，一个一个看，不拥挤。

4. 语言区

提供一些与运动安全相关的绘本，让幼儿通过阅读绘本初步了解在玩运动器械的过程中存在的一些安全隐患。

将幼儿远足的照片投放于班级语言区，鼓励幼儿和同伴讲述自己的远足故事。

提供小动物运动故事的图片（主要包括运动前、运动中和运动后三幅图），幼儿按照运动发生的顺序进行排序，并讲述活动。

5. 运动区

将游戏材料投放于班级运动区，引导幼儿在运动区玩“小熊过桥”的游戏。

（三）班级文化

1. 初步了解运动与游戏的规则，初步建立自我保护意识

小班幼儿充满了爱玩的天性，对于各类运动器械也充满了热情，这些运动器械能够激发出幼儿对于运动与游戏的喜爱之情，能让幼儿体验集体活动的乐趣。通过运动与游戏让小班的幼儿初步了解各类运动与游戏的规则，知道运动与游戏中各类器械的正确使用方法。通过幼儿日常活动时照片的展示以及互动式的环境布置，让幼儿能够了解运动与游戏的规则。

2. 引导小班幼儿分辨运动与游戏中的危险因素

为了保证幼儿能够安全地进行每次的运动与游戏，提高幼儿的安全意识，本主题单元结合小班幼儿爱模仿的年龄特点，利用不同的动物形象进行主题装饰，小动物排排队这种拟人化的设计，易于幼儿接受，营造充满童趣的班级环境，培养幼儿良好的运动习惯。结合不同主题活动内容让幼儿认识不同运动类型，初步掌握正确玩法，引导幼儿在了解、感知、体验的过程中更加深入地了解运动中存在的不安全因素，以及常见的自我保护的方式。

四、 主题单元教育活动方案

小班活动 1：运动安全我知道

（一）活动背景

刚刚上幼儿园进入集体生活的小班幼儿自我保护意识及规则意识较差，在运动与游戏中总能看到幼儿或挤成一团、或插队、或横冲直撞，不知道慢慢地行走去避让同伴，这样很容易造成拥挤、摔跤甚至踩踏等事件的发生。

为了增强幼儿安全行走中自我保护的安全意识，开展“运动安全我知道”活动，旨在引导幼儿结合已有的生活经验，在游戏中体验和感受拥挤造成的危险。本活动通过创设去小猪家做客的游戏情境和开展开火车的游戏活动，帮助幼儿初步养成安全行走的规则，知道在运动与游戏中不推不挤慢慢走，引导幼儿拓展讨论：除了知道走的安全规则外，跑、跳、钻、爬等其他的运动安全规则我们也要知道，为中班遵守安全规则、大班制定安全规则打下基础。

（二）活动目标

第一，感受和同伴一起安全行走的快乐。

第二，了解运动与游戏中安全行走的基本规则。

第三，知道在行走过程中如何保护自己，不推不挤慢慢走。

（三）活动准备

第一，小猪手偶、小火车方向盘若干，照相机。

第二，幼儿平时运动和游戏中混乱、拥挤的场景的照片。

第三，运动与游戏中不推不挤慢慢走的基本方法图示四张：一是行走动作慢、不急躁；二是不乱跑；三是不冲撞；四是知道避让他人。

第四，小猪、小牛、小羊、小狗小玩偶。

第五，幼儿有一个跟着一个走和玩“开火车”游戏的经验。

（四）活动过程

1. 乘坐火车去做客

教师出示小猪手偶，邀请幼儿去它的家里做客。

教师引导幼儿讨论去小猪家的方法，请幼儿坐上小火车一起去小猪家做客。

幼儿自由拿起小火车方向盘，师幼共同边念儿歌《开起小火车》边开小火车，配班教师用相机记录幼儿开火车的情景。

2. 不推不挤有方法

教师引导幼儿观看刚才“开火车”去小猪家做客的照片，鼓励幼儿评价照片中他们的表现。

幼儿观看平时运动和游戏中混乱、拥挤的场景的照片，感受拥挤带来的危险。

教师与幼儿讨论：运动与游戏中怎样做到不推不挤慢慢走？

教师出示简单图示，小结运动与游戏中不推不挤慢慢走的基本方法。

小结：在行走的过程中动作慢、不急躁；行走中不乱跑；不冲撞；知道避让他人。

3. 慢慢行走都很棒

教师引导幼儿分成小猪、小牛、小羊、小狗四个小组。

教师请幼儿以小组为单位，运用不推不挤慢慢走的方法，分别在班级美工区、阅读区、角色扮演区、建构区完成拿取小猪、小牛、小羊、小狗小玩偶的任务。

分享交流：每组请一个幼儿说一说自己和小伙伴是怎么完成任务的。

4. 小小火车开起来

教师组织幼儿开起小火车来到户外，和小猪一起快乐游戏。

教师鼓励幼儿上下楼梯靠右慢慢走，不抢排、不插队，运动与游戏中不急躁、会避让，争做一个会自我保护的乖宝宝。

5. 安全规则要牢记

教师引导幼儿拓展讨论：我们现在知道了行走的安全规则，跑、跳、钻、爬的时候又有什么安全规则呢？

小结：在跑、跳、钻、爬时不能慌，按照正确的方法做动作，活动前做好热身运动，活动后要放松身体。让我们一起牢记安全规则，争做保护自己的乖宝宝。

（五）活动评价

小动物是小班幼儿喜欢的形象，教师创设情境，以游戏的形式贯穿始终。本活动首先以坐火车去小猪家做客的游戏吸引幼儿，让幼儿充分体会拥挤的感觉，感受行走中拥挤带来的危险；其次，教师请幼儿观看自己拥挤行走的照片，引导幼儿通过讨论找出解决拥挤的方法；再次，教师将幼儿分成若干小组，完成取娃娃的任务，幼儿尝试运用安全方法行走；最后，教师让幼儿开起小火车来到户外，和小猪一起在运动与游戏中进一步感受不推不挤慢慢走的安全规则。

在整个活动中，教师能结合小班幼儿年龄特点，逐步引导幼儿了解运动与游戏中安全行走的基本规则，知道在行走中不推不挤慢慢走，不急躁、会避让，初步掌握安全行走中自我保护的小诀窍。活动最后引导幼儿拓展讨论，使幼儿了解运动中做跑、跳、钻、爬等动作的安全规则。

（六）活动延伸

1. 本活动相关活动延伸

艺术领域活动“小鱼游游乐”。幼儿在游戏中跟随音乐的变化模仿小鱼快乐游动，在游戏中幼儿慢慢游动，不推挤，知道避让，巩固不推不挤慢慢走的方法。

健康领域活动“小熊过桥”。幼儿帮助熊奶奶送食物的游戏场景，让幼儿排好队一个跟着一个过小桥，学习在较窄的低矮物体上行走，锻炼幼儿的身体平衡能力、协调能力，同时在活动中对幼儿进行安全教育，培养幼儿自我保护的能力。

社会实践活动“快乐远足”。远足是一项持久性的运动，可以有效地锻炼幼儿的心肺功能和腿部肌肉，更重要的是锻炼幼儿的毅力和耐力，在远足活动中和同伴不推不挤慢慢走，形成文明的出行习惯。

2. 一日生活、区域活动延伸

一日生活中离不开行走，喝水、洗手的过程都需要幼儿在行走的过程中不推不挤慢慢走，将安全行走的方法渗透于生活中，引导幼儿继续巩固练习。

区域活动：在角色扮演区、娃娃家投放玩具娃娃，引导幼儿给娃娃排队；娃娃医生和娃娃护士指导病人看病要排好队，一个一个看，不拥挤。

3. 家庭亲子活动延伸

幼儿和家人一起在生活中运用安全行走的方法，如在逛超市、去公园等的过程不拥挤、慢慢走。

幼儿和家人一起发现生活中拥挤行走的不安全事例，深入了解生活中不推不挤慢慢走的重要性。

幼儿和家人一起玩“开火车”的游戏，幼儿当火车头，指导家人们不推不挤开火车，指导家人不争抢、慢慢走。

（七）参考资源

1. 安全常识

小班幼儿安全行走小常识：教师可创设游戏情境，用轻柔的语言提醒幼儿，鼓励幼儿在行走的过程中动作慢，不急躁，不乱跑、不冲撞、知道避让他人。

2. 拓展阅读

(1)安全小儿歌。

小火车开起来

呜呜呜、呜呜呜，
小小火车开起来，
不推不挤慢慢走，
不急躁、不争抢，
慢慢走、懂避让，
坐上火车就出发。

慢慢走

小朋友，快站好。
排排队，就出发。
你站前，我站后。
一个一个慢慢走，
不推不挤真正棒。

(2)安全活动图片。

小猪和可爱的小动物们在运动与游戏中不推不挤慢慢行走的图片；小朋友们一个一个排好队上下楼梯慢慢行走不推挤的图片。

小班活动 2：个人运动中的自我保护

(一)活动背景

幼儿喜欢各类运动与游戏，并能从中获得无尽的快乐。但在运动与游戏中，幼儿经常会出现肘关节、膝关节、踝关节受伤的情况，特别是小班幼儿，身体协调能力差，自我保护能力不强，容易摔倒，造成关节受伤。这时，就需要教师及时开展相关活动，引导幼儿从个人运动中的自我保护入手，由简单到复杂、由浅入深，不断提升幼儿自我保护能力，学会保护自己。

在个人运动中的自我保护中，针对小班幼儿特点教师运用了家长资源，邀请家长与幼儿一同闯关，在闯关的过程中引导家长一对一地帮助幼儿认识人体的膝关节，体验膝关节的重要性，以及获得保护膝关节的多种方法。幼儿在一次一次的运动中初步了解了自己的身体，丰富了相关知识，从而提高了自我保护的意识，懂得了自我保护的方法，为在中、大班更多地参与集体运动游戏和冒险运动游戏做好充分准确。

(二)活动目标

第一，愿意参与安全运动与游戏，有初步的自我保护意识。

第二，发现关节能使身体动起来和初步学习保护关节的基本方法。

第三，能尝试在运动和游戏中保护自己的关节。

（三）活动准备

第一，邀请家长参加亲子闯关活动，粗藤蔓和细藤蔓若干。（分别用粗细不同的塑料管替代，并在其表面画上绿色藤蔓，粗管能够套在爸爸们的膝盖上且长度要过膝，细管能够套在幼儿的膝盖上且长度要过膝）

第二，幼儿通过故事、动画等初步了解森林的藤蔓。

（四）活动过程

1.“我们热身动一动”——热身运动

在音乐声中，教师带领幼儿和家长一起做热身运动。

教师引导幼儿和家长做手腕、脚腕、头部、肩膀和腿的热身运动，准备去“森林”闯关。

教师引导幼儿观察活动场地，鼓励幼儿和家长一起去“森林”闯关。

小结：运动前要先做热身运动，特别是手腕和脚腕的热身运动，这样运动起来就不容易受伤了。

教学建议：热身活动中，教师应情绪饱满，富有感染力，运用自己的情感和动作去调动幼儿和家长参与活动的积极性，且注意关注幼儿热身的情况。

2.“我和爸爸闯关去”——感知活动

闯关一：“森林里，找爸爸”——引导幼儿感受身体动作的灵活。

幼儿和家长分别站在场地的两端。

环节一：设置情境。爸爸的腿上套上过膝盖的“粗藤蔓”，站在场地的一端。教师引导幼儿观察：爸爸在森林里面迷路了，脚上被藤蔓缠得走不动路，怎么办呢？

环节二：教师激发幼儿讨论去往森林的多种方法。例如，“我可以跑过去”“我可以跳过去”等。

环节三：教师引导幼儿模仿并练习跑、跳、爬等动作，感受动作的灵活自如。

环节四：教师将幼儿分组，鼓励其用不同的动作前往对面的森林里寻找爸爸。

闯关二：“我和爸爸，直腿走”——体验膝盖被束缚以后运动不方便，初步感知关节的重要性。

环节一：教师以游戏的口吻引导幼儿讨论：腿被藤蔓缠住为什么走不动路？

环节二：教师引导幼儿体验，请幼儿将场地上放有的长度过膝的细藤蔓套在自己的腿上，感受膝盖被束缚后走路、运动的不方便，容易摔倒。

环节三：教师鼓励幼儿和家长一起尝试走一走、动一动，发现只能用直腿行走的方法才可以行走。

环节四：幼儿和家长一起手牵手直腿行走，分组走回对面自己的家。

教学建议：教师要注意观察活动中的情况。一是帮助有困难的家庭；二是因腿脚不灵活，提醒家长切莫着急，要和幼儿一起慢慢地走；三是对坚持直腿走回家到达终点的家庭给予肯定。

3.“我们揉揉小关节”——总结活动

(1)引导幼儿发现膝关节的秘密。

教师组织幼儿集中交流讨论，为什么回家的路上走路不方便、容易摔跤。

教师出示关节模型，引导幼儿观察关节，初步了解关节的重要性。

教师请幼儿和家长脱下“藤蔓”，找找膝关节在哪里，轻轻地揉一揉膝关节。

(2)引导幼儿再找找其他的关节。

教师请幼儿和家长面对面，一起找找身上还有哪些关节能够让身体动起来，并相互揉一揉。

(3)音乐响起，全体参与活动的人一起做放松活动结束。

小结：提醒幼儿要保护好自己的关节，运动前要做热身运动，运动后要做放松活动，这样就可以防止身体在运动中受到伤害。

（五）活动评价

本活动针对小班幼儿的年龄特点，以游戏的方式贯穿始终，调动了幼儿参与活动的积极性，让幼儿带着任务和家长一起完成闯关游戏。闯关一，让幼儿感受身体可以灵活地运动；闯关二，让幼儿体验膝盖被束缚以后运动不方便，容易摔倒，引导幼儿对比发现膝关节能使身体灵活地动起来，从而初步懂得关节的重要性，并尝试在运动中保护自己的关节，丰富了幼儿自我保护的相关知识。

（六）活动延伸

1. 本活动相关活动延伸

鼓励幼儿了解更多关于个人运动中自我保护的相关知识，和同伴一起交流。

2. 一日生活、区域活动延伸

益智区：提供会动的小木偶和颜色贴，在小木偶上找关节，贴上颜色贴。

美工区：提供暗扣、孙悟空和猪八戒等纸板小人和水彩笔，让幼儿尝试制作皮影小人并涂色。

阅读区：提供《木偶奇遇记》的故事书。

表演区：提供音频《唐僧骑马咚那个咚》，组织幼儿用制作的皮影小人孙悟空和猪八戒等进行表演。

建构区：提供扣式建构玩具，供幼儿制作会动的小人。

3. 家庭亲子活动延伸

鼓励家长在天气好的时候，多带幼儿开展户外活动，在活动中了解如何保护关节。

开展亲子运动联播活动，使幼儿进一步感受关节的重要性：一是鼓励开展亲子小制作，制作小器械，将玩法制作成小视频；二是鼓励利用生活物品一物多玩，录制成小视频。

4. 其他延伸活动

艺术活动：亲子小制作“孙悟空和猪八戒”，运用皮影小人材料包进行制作。

小班活动 3：大带小游戏“安全玩滑梯”

（一）活动背景

小班幼儿刚刚入园，对幼儿园的设施都有些陌生，他们喜欢玩滑梯，但是，他们还缺乏安全游戏和自我保护的经验。大班幼儿已经熟悉了幼儿园的游戏设施，也有了玩滑梯时遵守规则和避免磕碰的安全游戏的经验，作为刚刚升班的哥哥姐姐，他们心中也充满了自豪感，会萌发帮助他人、保护弟弟妹妹的愿望。此活动，教师用“大带小”的游戏贯穿，旨在让小班幼儿体验哥哥姐姐的关爱，建立心理安全感，并在温馨的游戏环境中掌握安全玩滑梯的方法，初步形成在集体活动中遵守规则、安全游戏的意识，为小班下学期及以后接触更多的大型玩具打下基础，同时也进一步提高了大班幼儿安全游戏的意识，增强了其照顾他人的责任感。

（二）活动目标

第一，建立心理安全感。

第二，学会手抓紧上滑梯，双腿并拢滑下来的安全玩滑梯方法。

第三，能和大班幼儿共同游戏。

（三）活动准备

第一，玩滑梯的游戏场地、小红花贴纸。

第二，邀请六名大班幼儿参与游戏活动。请其中三个幼儿排练好情境表演"安全玩滑梯"，其他大班幼儿能准确说出安全上下滑梯的方法。

（四）活动过程

1. 趣味导入：看表演

(1)教师带小班幼儿到户外有滑梯的游戏场地。

(2)教师请小班幼儿观看大班幼儿的情境表演"安全玩滑梯"。

三个大班幼儿表演情景剧：幼儿排队上滑梯，从滑梯阶梯这边上去，两手扶好，一步一步往上爬，眼睛看好滑梯阶梯，爬到顶，两手扶着滑梯两边坐稳后，两条腿并拢，再滑下来。

2. 大胆讨论：安全玩滑梯

(1)教师引导小班幼儿说一说：大班哥哥姐姐是怎么玩滑梯的？

(2)教师请大班幼儿再次示范：怎样安全上下滑梯？

大班幼儿一：玩滑梯要先排好队，一个跟着一个，不推不挤。

大班幼儿二：上滑梯从滑梯阶梯这边上去，两手扶好，一步一步往上爬，眼睛看好滑梯阶梯，慢慢爬到滑梯顶层。

大班幼儿三：到滑梯口，两手扶着滑梯两边坐稳后，两条腿并拢，再滑下来。

(3)教师和幼儿一起小结安全玩滑梯的正确步骤。

3. 大带小游戏：和哥哥姐姐一起玩

游戏一：小火车来了。

教师请两个大班幼儿帮助小班幼儿在滑梯入口处，像小火车一样，一个接一个排队，不推不挤。给有进步的小班幼儿贴小红花。

游戏二：栏杆握握。

教师请两个大班幼儿在滑梯的阶梯上，指导小班幼儿扶好抓紧滑梯栏杆。给有进步的小班幼儿贴小红花。

游戏三：小腿亲亲。

教师请两个大班幼儿在滑梯顶层，指导小班幼儿坐稳，两条腿亲亲一下，并拢，再滑下来。给有进步的小班幼儿贴小红花。

游戏四：我喜欢你。

教师请小班幼儿给帮助了自己的哥哥姐姐贴小红花。

4. 结束活动

教师和幼儿一起回顾，小结今天大班幼儿指导和帮助小班幼儿安全玩滑梯的游戏情况，发出下次游戏的邀请。

（五）活动评价

大带小的游戏中，大班的哥哥姐姐通过帮助小班的弟弟妹妹，提高了对安全知识的运用能力，培养了责任心和关爱弱小的情感；小班的弟弟妹妹也在哥哥姐姐的关爱和提示下，产生心理安全感，更容易接受安全地玩滑梯的方法。

在实施的过程中，小班幼儿通过观看大班幼儿的情境表演、示范，以及和大班哥哥姐姐的互动，了解了上滑梯，手要扶好抓紧，下滑梯，腿要并拢坐稳的关键经验。他们和大班幼儿一起开展了“小火车来了”“栏杆握握”“小腿亲亲”的游戏，在温馨的游戏环境中掌握了安全玩滑梯的方法。

（六）活动延伸

1. 本活动相关活动延伸：语言活动“滑滑梯”

教师模仿小动物，分别表演松鼠滑梯、小兔跳下滑梯、刺猬滚下滑梯的动作，启发幼儿说说这几个小动物，哪些小动物玩滑梯的方法有危险，滑梯应该怎么玩。

教师带领幼儿一起念儿歌《滑滑梯》，并启发幼儿创编儿歌动作。

2. 一日生活、区域活动延伸：“漂亮的滑梯”

收集滑梯的涂色卡和色彩鲜艳的滑梯图片，教师可以简单介绍一些涂色的方法：在线内涂色，按照一定的顺序，从上到下、从左到右、从里到外进行涂色，涂色的时候要尽量涂满、涂均匀，不涂到轮廓外。

在美工区投放涂色的游戏材料：油画棒、滑梯涂色卡。

在阅读区投放关于滑滑梯的绘本故事《大家一起玩滑梯》。

3. 家庭亲子活动延伸：“大家一起唱”

家长把生活中安全小知识编成歌曲，和幼儿边唱边玩。比如，安全玩滑梯的儿歌可以和熟悉的旋律《生日歌》编在一起来唱，发展幼儿的节奏感和创造能力。

4. 其他延伸活动

家长带幼儿到游乐场玩滑梯。

（七）参考资源

滑滑梯

玩滑梯，不着急，
排好队来玩游戏，
一步一步慢慢上，
坐稳才能往下滑，
团结友爱不推挤。

小班活动4：自选器械的安全

（一）活动背景

小班幼儿在玩自选器械时有时会发生淤青、出血等事情，如玩篮球时会将手指挫伤，玩玩具小车时夹伤小手；还会发生在玩自选器械时不提前检查，被破损的地方划伤小手等事情。

为了让幼儿在玩自选器械活动时保护自己，在玩自选器械活动中，教师应引导幼儿学会辨识破损的器械，避免受伤的应对措施，学习处理小手伤口的方法，提高保护小手的能力。为此，设计“自选器械的安全”活动，旨在让幼儿通过回忆流血的伤痛，感受游戏情境，实践体验包扎伤口，增强保护自己的能力。

（二）活动目标

第一，喜欢接触包扎游戏，感受保护小手的快乐。

第二，知道爱护小手，不玩锋利的物品和破损的玩具。

第三，能在手流血后做到简单地处理。

（三）活动准备

第一，小手被破损球拍划伤流血的图片。

第二，好坏参半的自选器械：如完好的球拍、毽子、飞盘和破损的球拍、毽子、飞盘等。

第三，童话剧《小手流血我会包扎》，请大班幼儿提前排练。童话剧内容为一个大班幼儿扮演手受伤的小朋友，展示如何面对伤口处理。

第四，娃娃和创可贴若干。

第五，幼儿能清楚地表达自己的有关经历或感受。

（四）活动过程

1. 观察图片，导入活动

教师出示图片，请幼儿回忆已有经验。

请幼儿交流小手流血的原因，让幼儿知道要小心触碰破损的器械。

教师请幼儿思考：小手流血了怎么办？

通过分享和讨论，幼儿知道正确应对流血的方法。

2. 操作体验，选择器械游戏

教师准备好好坏参半的自选器械，放在桌面，幼儿自由挑选玩耍。

幼儿自由选择完毕后，教师询问幼儿剩下的器械没有被挑选的原因。

教师和幼儿一起小结破损的器械会弄伤小手，游戏时要注意提前观察。

3. 情境游戏，探索小手流血后的自救方法

教师请幼儿观看童话剧《小手流血我会包扎》。

教师利用游戏情境，讲述使用创可贴的方法。

角色游戏：在游戏情境中，让幼儿扮演“医生”观察“受伤的娃娃”，并在其“伤口”上贴创可贴。每个幼儿一个创可贴，请幼儿体验使用创可贴的方法。

4. 户外游戏，寻找容易划破小手的地方

教师与幼儿到户外寻找幼儿园容易伤害小手的自选器械，引导幼儿如何避免受伤。

教师进行小结，表扬发现危险自选器械的幼儿。再次重申，如果幼儿小手受伤必须及时告诉老师，老师可以帮助其判断是否严重，应该如何处理。

（五）活动评价

本活动考虑到小班幼儿在自选器械游戏中的手受伤情况，利用图片观察、玩具选择、情境游戏、生活体验等方式，让幼儿直面小手流血后怎么办。

整个活动在实施过程中关注幼儿已有的经验，通过分享和讨论促进幼儿互动交流。利用游戏让幼儿观察玩具器械；通过角色扮演包扎伤口，让幼儿掌握如何爱护小手，帮助幼儿在户外玩自选器械活动中形成自我保护小手的意识；通过户外实践，加深幼儿活动印象。

（六）活动延伸

1. 本活动相关活动延伸

引导幼儿讨论生活中还有哪些东西会使我们的小手受伤，如剪刀、小刀、针、玻璃片等。提醒幼儿不要玩这些危险的东西。

2. 区域活动延伸

美工区：投放蜡笔、画纸，让幼儿创作“小心剪刀”“小心小刀”“小心玻璃片”等标志。

阅读区：将有关受伤、急救的图片放在该区中，供幼儿观察、学习。同时，投放健康教育小书《流血了》，内容包括流血的部位、自己的心情、正确的急救方法等，以便幼儿进一步学习、巩固。

角色扮演区：投放医生服装道具、创可贴、棉签等材料，让幼儿扮演患者和医生，体验处理伤口的游戏。

3. 家庭亲子活动延伸

将活动延伸到幼儿的生活中，布置一项家庭手工任务，制作中小型体育器械。

4. 其他延伸活动

引导幼儿欣赏、了解民间玩具的材质、造型和色彩特征，启迪智慧；引导幼儿欣赏、学习关于民间玩具的相关知识；引导幼儿进行小组活动，一起看一看、玩一玩。

（七）参考资源

卢标．体育运动与安全防护．武汉：中国地质大学出版社，2009.
庞建萍，柳倩．学前儿童健康教育．上海：华东师范大学出版社，2008.

五、 主题单元幼儿表现评估

主题__________

班级__________　　幼儿姓名__________　　教师姓名__________

评价者__________　　日期__________

评估准则：完全掌握或做到4分；有时掌握或做到3分；初步掌握或偶尔做到2分；暂未掌握或做不到1分。

学习目标	具体表现	4	3	2	1
1. 在成人提醒下能注意运动与游戏时的安全，不做危险的事。					
2. 初步掌握在各类运动与游戏中的安全规则。					
3. 初步了解运动时保护自己的身体的方法，防止身体受到伤害。					
4. 了解运动与游戏中排队和文明行走的基本方法。					
5. 掌握在自选器械上发生事故的简单处理方式。					
6. 知道安全玩滑梯的游戏规则和方法。					

附录：本书作者分工表

安全单元及负责人		活动方案及作者
意外伤害	康永祥	电话号码作用大(尚云)
		藏起来的角角兽(尚云)
		身边的“小生气”(张晓红)
		是谁打碎了鸡蛋宝宝(尚云)
		我爱玩水(张晓红)
心理健康	吴文艳	我长大了(李薇佳)
		笑娃娃、哭娃娃和气娃娃(李薇佳)
		我不害怕(李薇佳)
		我们一起玩(李薇佳)
		妈妈包里的秘密(李薇佳)
消防安全	李军	防火知识我知道(白鸽)
		消防标志我认识(白鸽、张筠也)
		遇到火灾我不怕(李艳莹、吴靓)
		消防演习我体验(李艳莹、李静)
交通安全	冯江英	红绿灯眨眼睛(张新敏)
		去幼儿园路上(白艳)
		我也要搭车(王海燕)
		和爸爸妈妈乘电梯(张金明)
社会安全	张海凤	长耳朵被谁带走了(赵容)
		拥挤的荷叶(苏冰瑶)
		谁的玩具宝宝不见了(梅玉)
		会躲避的小羊(张旋)

续表

安全单元及负责人		活动方案及作者
居家安全	卢筱红	我要拉尼尼(陈文静)
		妈妈做饭我不闹(陈文静)
		尖尖的东西要小心(陈文静)
		和狗狗玩耍的安全(陈文静)
园所安全	刘敏	幼儿园里的一天(徐途琼)
		幼儿园里真好玩(徐途琼)
		危险的缝隙(徐途琼)
		小板凳会“咬手”(徐途琼)
卫生饮食安全	秦旭芳	小肚皮喜欢的食物(李喆、潘阳)
		会说话的食物(李喆、潘阳)
		我会自己吃饭(李喆、潘阳)
		它们能吃吗(李喆、潘阳)
自然灾害防范安全	周丛笑	台风暴雨后的小动物(裴珊珊)
		雪娃娃与冰娃娃(裴珊珊)
		雷电与冰雹(谭子英)
		洪水与泥石流的危害(谭子英)
		地震逃生演练(谭子英)
身体安全	刘琨	我的亮眼睛(陈桦、黄秉君)
		鼻子弟弟和耳朵哥哥(陈桦、唐聪)
		保护牙齿宝宝(梁丽银、王凡)
		我有一双小小手(梁丽银、杨金凤)
		我的身体别乱碰(梁丽银、张蔓)
电器、电子产品安全	程秀兰	电器安全我知道(高东慧)
		不迷恋手机(高东慧)
		看电视有节制(高东慧)
		电子游戏危害多(高东慧)
运动与游戏安全	伍香平	运动安全我知道(王丽筠、蔡洁)
		个人运动中的自我保护(王丽筠、徐起)
		大带小游戏“安全玩滑梯”(涂亚琳、徐起)
		自选器械的安全(徐起、周林玥)